www.pinhok.com

Introduction

This Book

This vocabulary book contains more than 3000 words and phrases and is organized by topic to make it easier for you to pick what to learn first. On top of that, the second half of the book contains two index sections that can be used as basic dictionaries to look up words in either of the two languages. This book is well suited for learners of all levels who are looking for an extensive resource to improve their vocabulary or are interested in learning vocabularies in one particular area of interest.

Learning Community

If you find this book helpful, do us and other fellow learners a favour and leave a comment wherever you bought this book explaining how you use this book in your learning process. Your thoughts and experiences can help and have a positive impact on numerous other language learners around the world. We are looking forward to your stories and thank you in advance for your insights!

Pinhok Languages

Pinhok Languages strives to create language learning products that support learners around the world in their mission of learning a new language. In doing so, we combine best practice from various fields and industries to come up with innovative products and material.

The Pinhok Team hopes this book can help you with your learning process and gets you to your goal faster. Should you be interested in finding out more about us, please go to our website www.pinhok.com. For feedback, error reports, criticism or simply a quick "hi", please also go to our website and use the contact form.

Disclaimer of Liability

THIS BOOK IS PROVIDED "AS IS", WITHOUT WARRANTY OF ANY KIND, EXPRESS OR IMPLIED, INCLUDING BUT NOT LIMITED TO THE WARRANTIES OF MERCHANTABILITY, FITNESS FOR A PARTICULAR PURPOSE AND NONINFRINGEMENT. IN NO EVENT SHALL THE AUTHORS OR COPYRIGHT HOLDERS BE LIABLE FOR ANY CLAIM, DAMAGES OR OTHER LIABILITY, WHETHER IN AN ACTION OF CONTRACT, TORT OR OTHERWISE, ARISING FROM, OUT OF OR IN CONNECTION WITH THE BOOK OR THE USE OR OTHER DEALINGS IN THE BOOK.

Table of Contents

Topics

Animals: 7
Sport: 11
Geography: 15
Numbers: 22
Body: 27
Adjective: 31
Verb: 36
House: 41
Food: 47
Life: 57
Transport: 64
Culture: 69
School: 73
Nature: 79
Clothes: 89
Chemist: 94
City: 96
Health: 102
Business: 107
Things: 115
Phrases: 119

Index

English - Portuguese: 123
Portuguese - English: 177

Animals

Mammals

dog	(o) cão
cat	(o) gato
rabbit	(o) coelho
cow	(a) vaca
sheep	(a) ovelha
pig	(o) porco
horse	(o) cavalo
monkey	(o) macaco
bear	(o) urso
lion	(o) leão
tiger	(o) tigre
panda	(o) panda
giraffe	(a) girafa
camel	(o) camelo
elephant	(o) elefante
wolf	(o) lobo
rat	(a) ratazana
mouse (animal)	(o) rato
zebra	(a) zebra
hippo	(o) hipopótamo
polar bear	(o) urso polar
rhino	(o) rinoceronte
kangaroo	(o) canguru
leopard	(o) leopardo
cheetah	(a) chita
donkey	(o) burro
ant-eater	(o) papa-formigas
buffalo	(o) búfalo
deer	(o) veado
squirrel	(o) esquilo
elk	(o) alce

piglet	(o) leitão
bat	(o) morcego
fox	(a) raposa
hamster	(o) hamster
guinea pig	(o) porquinho-da-índia
koala	(o) coala
lemur	(o) lémure
meerkat	(o) suricato
raccoon	(o) guaxinim
tapir	(o) tapir
bison	(o) bisonte
goat	(a) cabra
llama	(a) lama
red panda	(o) panda vermelho
bull	(o) touro
hedgehog	(o) ouriço
otter	(a) lontra

Birds

pigeon	(o) pombo
duck	(o) pato
seagull	(a) gaivota
chicken (animal)	(a) galinha
cockerel	(o) galo
goose	(o) ganso
owl	(a) coruja
swan	(o) cisne
penguin	(o) pinguim
crow	(o) corvo
turkey	(o) peru
ostrich	(a) avestruz
stork	(a) cegonha
chick	(o) pinto
eagle	(a) águia

raven	(o) corvo
peacock	(o) pavão
pelican	(o) pelicano
parrot	(o) papagaio
magpie	(a) pega
flamingo	(o) flamingo
falcon	(o) falcão

Insects

fly	(a) mosca
butterfly	(a) borboleta
bug	(o) besouro
bee	(a) abelha
mosquito	(o) mosquito
ant	(a) formiga
dragonfly	(a) libelinha
grasshopper	(o) gafanhoto
caterpillar	(a) lagarta
wasp	(a) vespa
moth	(a) traça
bumblebee	(o) zangão
termite	(a) térmite
cricket	(o) grilo
ladybird	(a) joaninha
praying mantis	(o) louva-a-deus

Marine Animals

fish (animal)	(o) peixe
whale	(a) baleia
shark	(o) tubarão
dolphin	(o) golfinho
seal	(a) foca
jellyfish	(a) medusa
squid	(a) lula

octopus	(o) polvo
turtle	(a) tartaruga
sea horse	(o) cavalo-marinho
sea lion	(o) leão-marinho
walrus	(a) morsa
shell	(a) concha
starfish	(a) estrela-do-mar
killer whale	(a) orca
crab	(o) caranguejo
lobster	(a) lagosta

Reptiles & More

snail	(o) caracol
spider	(a) aranha
frog	(a) rã
snake	(a) serpente
crocodile	(o) crocodilo
tortoise	(a) tartaruga
scorpion	(o) escorpião
lizard	(o) lagarto
chameleon	(o) camaleão
tarantula	(a) tarântula
gecko	(o) geco
dinosaur	(o) dinossauro

Sport

Summer

tennis	(o) ténis
badminton	(o) badminton
boxing	(o) boxe
golf	(o) golfe
running	(a) corrida
cycling	(o) ciclismo
gymnastics	(a) ginástica
table tennis	(o) ténis de mesa
weightlifting	(o) halterofilismo
long jump	(o) salto em comprimento
triple jump	(o) triplo salto
modern pentathlon	(o) pentatlo moderno
rhythmic gymnastics	(a) ginástica rítmica
hurdles	(a) corrida com barreiras
marathon	(a) maratona
pole vault	(o) salto com vara
high jump	(o) salto em altura
shot put	(o) arremesso de peso
javelin throw	(o) lançamento do dardo
discus throw	(o) lançamento do disco
karate	(o) caraté
triathlon	(o) triatlo
taekwondo	(o) taekwondo
sprint	(a) corrida de velocidade
show jumping	(os) saltos de hipismo
shooting	(o) tiro
wrestling	(a) luta livre
mountain biking	(o) ciclismo de montanha
judo	(o) judo
hammer throw	(o) lançamento do martelo
fencing	(a) esgrima

archery	(o) tiro com arco
track cycling	(o) ciclismo de pista

Winter

skiing	(o) esqui
snowboarding	(o) snowboard
ice skating	(a) patinagem no gelo
ice hockey	(o) hóquei no gelo
figure skating	(a) patinagem artística
curling	(o) curling
Nordic combined	(o) combinado nórdico
biathlon	(o) biatlo
luge	(o) luge
bobsleigh	(o) bobsleigh
short track	(a) patinagem de velocidade em pista curta
skeleton	(o) skeleton
ski jumping	(o) salto de esqui
cross-country skiing	(o) esqui de fundo
ice climbing	(a) escalada no gelo
freestyle skiing	(o) esqui de estilo livre
speed skating	(a) patinagem de velocidade

Team

football	(o) futebol
basketball	(o) basquetebol
volleyball	(o) voleibol
cricket	(o) críquete
baseball	(o) basebol
rugby	(o) râguebi
handball	(o) andebol
polo	(o) polo
lacrosse	(o) lacrosse
field hockey	(o) hóquei em campo
beach volleyball	(o) voleibol de praia

Australian football	(o) futebol australiano
American football	(o) futebol americano

Water

swimming	(a) natação
water polo	(o) polo aquático
diving (into the water)	(o) salto ornamental
surfing	(o) surf
rowing	(o) remo
synchronized swimming	(a) natação sincronizada
diving (under the water)	(o) mergulho
windsurfing	(o) windsurf
sailing	(a) vela
waterskiing	(o) esqui aquático
rafting	(o) rafting
cliff diving	(o) salto de penhasco
canoeing	(a) canoagem

Motor

car racing	(o) automobilismo
rally racing	(o) rali
motorcycle racing	(o) motociclismo
motocross	(o) motocross
Formula 1	(a) formula 1
kart	(o) kartismo
jet ski	(o) jet ski

Other

hiking	(a) caminhada
mountaineering	(o) alpinismo
snooker	(o) snooker
parachuting	(o) paraquedismo
poker	(o) póquer
dancing	(a) dança

bowling	(o) bowling
skateboarding	(a) competição de skate
chess	(o) xadrez
bodybuilding	(o) culturismo
yoga	(o) ioga
ballet	(o) balé
bungee jumping	(o) bungee jumping
climbing	(a) escalada
roller skating	(a) patinagem sobre rodas
breakdance	(o) breakdance
billiards	(o) bilhar

Gym

warm-up	(o) aquecimento
stretching	(o) alongamento
sit-ups	(a) flexão abdominal
push-up	(a) flexão
squat	(o) agachamento
treadmill	(a) esteira
bench press	(o) supino
exercise bike	(a) bicicleta de exercício
cross trainer	(o) elíptico
circuit training	(o) treino em circuito
Pilates	(o) pilates
leg press	(a) pressão de pernas
aerobics	(a) aeróbica
dumbbell	(o) haltere
barbell	(a) barra
sauna	(a) sauna

Geography

Europe

United Kingdom	Reino Unido
Spain	Espanha
Italy	Itália
France	França
Germany	Alemanha
Switzerland	Suíça
Albania	Albânia
Andorra	Andorra
Austria	Áustria
Belgium	Bélgica
Bosnia	Bósnia
Bulgaria	Bulgária
Denmark	Dinamarca
Estonia	Estónia
Faroe Islands	Ilhas Féroe
Finland	Finlândia
Gibraltar	Gibraltar
Greece	Grécia
Ireland	Irlanda
Iceland	Islândia
Kosovo	Kosovo
Croatia	Croácia
Latvia	Letónia
Liechtenstein	Listenstaine
Lithuania	Lituânia
Luxembourg	Luxemburgo
Malta	Malta
Macedonia	Macedónia
Moldova	Moldávia
Monaco	Mónaco
Montenegro	Montenegro

Netherlands	Países Baixos
Norway	Noruega
Poland	Polónia
Portugal	Portugal
Romania	Roménia
San Marino	São Marino
Sweden	Suécia
Serbia	Sérvia
Slovakia	Eslováquia
Slovenia	Eslovénia
Czech Republic	República Checa
Turkey	Turquia
Ukraine	Ucrânia
Hungary	Hungria
Vatican City	Cidade do Vaticano
Belarus	Bielorrússia
Cyprus	Chipre

Asia

China	China
Russia	Rússia
India	Índia
Singapore	Singapura
Japan	Japão
South Korea	Coreia do Sul
Afghanistan	Afeganistão
Armenia	Arménia
Azerbaijan	Azerbaijão
Bahrain	Barém
Bangladesh	Bangladeche
Bhutan	Butão
Brunei	Brunei
Georgia	Geórgia
Hong Kong	Hong Kong

Indonesia	Indonésia
Iraq	Iraque
Iran	Irão
Israel	Israel
Yemen	Iémen
Jordan	Jordânia
Cambodia	Camboja
Kazakhstan	Cazaquistão
Qatar	Catar
Kyrgyzstan	Quirguistão
Kuwait	Kuwait
Laos	Laos
Lebanon	Líbano
Macao	Macau
Malaysia	Malásia
Maldives	Maldivas
Mongolia	Mongólia
Burma	Birmânia
Nepal	Nepal
North Korea	Coreia do Norte
Oman	Omã
East Timor	Timor-Leste
Pakistan	Paquistão
Palestine	Palestina
Philippines	Filipinas
Saudi Arabia	Arábia Saudita
Sri Lanka	Sri Lanka
Syria	Síria
Tajikistan	Tajiquistão
Taiwan	Ilha Formosa
Thailand	Tailândia
Turkmenistan	Turquemenistão
Uzbekistan	Usbequistão
United Arab Emirates	Emirados Árabes Unidos

Vietname

America

The United States of America	Estados Unidos da América
Mexico	México
Canada	Canadá
Brazil	Brasil
Argentina	Argentina
Chile	Chile
Antigua and Barbuda	Antígua e Barbuda
Aruba	Aruba
The Bahamas	Bahamas
Barbados	Barbados
Belize	Belize
Bolivia	Bolívia
Cayman Islands	Ilhas Caimão
Costa Rica	Costa Rica
Dominica	Domínica
Dominican Republic	República Dominicana
Ecuador	Equador
El Salvador	El Salvador
Falkland Islands	Ilhas Malvinas
Grenada	Granada
Greenland	Groenlândia
Guatemala	Guatemala
Guyana	Guiana
Haiti	Haiti
Honduras	Honduras
Jamaica	Jamaica
Colombia	Colômbia
Cuba	Cuba
Montserrat	Montserrat
Nicaragua	Nicarágua
Panama	Panamá

Paraguay	Paraguai
Peru	Peru
Puerto Rico	Porto Rico
Saint Kitts and Nevis	São Cristóvão e Neves
Saint Lucia	Santa Lúcia
Saint Vincent and the Grenadines	São Vicente e Granadinas
Suriname	Suriname
Trinidad and Tobago	Trindade e Tobago
Uruguay	Uruguai
Venezuela	Venezuela

Africa

South Africa	África do Sul
Nigeria	Nigéria
Morocco	Marrocos
Libya	Líbia
Kenya	Quénia
Algeria	Argélia
Egypt	Egito
Ethiopia	Etiópia
Angola	Angola
Benin	Benim
Botswana	Botsuana
Burkina Faso	Burquina Faso
Burundi	Burundi
Democratic Republic of the Congo	República Democrática do Congo
Djibouti	Djibouti
Equatorial Guinea	Guiné Equatorial
Ivory Coast	Costa do Marfim
Eritrea	Eritreia
Gabon	Gabão
The Gambia	Gâmbia
Ghana	Gana
Guinea	Guiné

Guinea-Bissau	Guiné-Bissau
Cameroon	Camarões
Cape Verde	Cabo Verde
Comoros	Comores
Lesotho	Lesoto
Liberia	Libéria
Madagascar	Madagáscar
Malawi	Maláui
Mali	Mali
Mauritania	Mauritânia
Mauritius	Maurícia
Mozambique	Moçambique
Namibia	Namíbia
Niger	Níger
Republic of the Congo	República do Congo
Rwanda	Ruanda
Zambia	Zâmbia
São Tomé and Príncipe	São Tomé e Príncipe
Senegal	Senegal
Seychelles	Seicheles
Sierra Leone	Serra Leoa
Zimbabwe	Zimbabué
Somalia	Somália
Sudan	Sudão
South Sudan	Sudão do Sul
Swaziland	Suazilândia
Tanzania	Tanzânia
Togo	Togo
Chad	Chade
Tunisia	Tunísia
Uganda	Uganda
Central African Republic	República Centro-Africana

Oceania

Australia	Austrália
New Zealand	Nova Zelândia
Fiji	Fiji
American Samoa	Samoa Americana
Cook Islands	Ilhas Cook
French Polynesia	Polinésia Francesa
Kiribati	Kiribati
Marshall Islands	Ilhas Marshall
Micronesia	Micronésia
Nauru	Nauru
New Caledonia	Nova Caledónia
Niue	Niue
Palau	Palau
Papua New Guinea	Papua Nova Guiné
Solomon Islands	Ilhas Salomão
Samoa	Samoa
Tonga	Tonga
Tuvalu	Tuvalu
Vanuatu	Vanuatu

Numbers

0-20

0	zero
1	um
2	dois
3	três
4	quatro
5	cinco
6	seis
7	sete
8	oito
9	nove
10	dez
11	onze
12	doze
13	treze
14	catorze
15	quinze
16	dezasseis
17	dezassete
18	dezoito
19	dezanove
20	vinte

21-100

21	vinte e um
22	vinte e dois
26	vinte e seis
30	trinta
31	trinta e um
33	trinta e três
37	trinta e sete
40	quarenta

41	quarenta e um
44	quarenta e quatro
48	quarenta e oito
50	cinquenta
51	cinquenta e um
55	cinquenta e cinco
59	cinquenta e nove
60	sessenta
61	sessenta e um
62	sessenta e dois
66	sessenta e seis
70	setenta
71	setenta e um
73	setenta e três
77	setenta e sete
80	oitenta
81	oitenta e um
84	oitenta e quatro
88	oitenta e oito
90	noventa
91	noventa e um
95	noventa e cinco
99	noventa e nove
100	cem

101-1000

101	cento e um
105	cento e cinco
110	cento e dez
151	cento e cinquenta e um
200	duzentos
202	duzentos e dois
206	duzentos e seis
220	duzentos e vinte

262	duzentos e sessenta e dois
300	trezentos
303	trezentos e três
307	trezentos e sete
330	trezentos e trinta
373	trezentos e setenta e três
400	quatrocentos
404	quatrocentos e quatro
408	quatrocentos e oito
440	quatrocentos e quarenta
484	quatrocentos e oitenta e quatro
500	quinhentos
505	quinhentos e cinco
509	quinhentos e nove
550	quinhentos e cinquenta
595	quinhentos e noventa e cinco
600	seiscentos
601	seiscentos e um
606	seiscentos e seis
616	seiscentos e dezasseis
660	seiscentos e sessenta
700	setecentos
702	setecentos e dois
707	setecentos e sete
727	setecentos e vinte e sete
770	setecentos e setenta
800	oitocentos
803	oitocentos e três
808	oitocentos e oito
838	oitocentos e trinta e oito
880	oitocentos e oitenta
900	novecentos
904	novecentos e quatro
909	novecentos e nove

949	novecentos e quarenta e nove
990	novecentos e noventa
1000	mil

1001-10000

1001	mil e um
1012	mil e doze
1234	mil duzentos e trinta e quatro
2000	dois mil
2002	dois mil e dois
2023	dois mil e vinte e três
2345	dois mil trezentos e quarenta e cinco
3000	três mil
3003	três mil e três
3034	três mil e trinta e quatro
3456	três mil quatrocentos e cinquenta e seis
4000	quatro mil
4004	quatro mil e quatro
4045	quatro mil e quarenta e cinco
4567	quatro mil quinhentos e sessenta e sete
5000	cinco mil
5005	cinco mil e cinco
5056	cinco mil e cinquenta e seis
5678	cinco mil seiscentos e setenta e oito
6000	seis mil
6006	seis mil e seis
6067	seis mil e sessenta e sete
6789	seis mil setecentos e oitenta e nove
7000	sete mil
7007	sete mil e sete
7078	sete mil e setenta e oito
7890	sete mil oitocentos e noventa
8000	oito mil
8008	oito mil e oito

8089	oito mil e oitenta e nove
8901	oito mil novecentos e um
9000	nove mil
9009	nove mil e nove
9012	nove mil e doze
9090	nove mil e noventa
10.000	dez mil

> 10000

10.001	dez mil e um
20.020	vinte mil e vinte
30.300	trinta mil e trezentos
44.000	quarenta e quatro mil
100.000	cem mil
500.000	quinhentos mil
1.000.000	um milhão
6.000.000	seis milhões
10.000.000	dez milhões
70.000.000	setenta milhões
100.000.000	cem milhões
800.000.000	oitocentos milhões
1.000.000.000	mil milhões
9.000.000.000	nove mil milhões
10.000.000.000	dez mil milhões
20.000.000.000	vinte mil milhões
100.000.000.000	cem mil milhões
300.000.000.000	trezentos mil milhões
1.000.000.000.000	um bilião

Body

Head

nose	(o) nariz
eye	(o) olho
ear	(a) orelha
mouth	(a) boca
tooth	(o) dente
lip	(o) lábio
hair	(o) cabelo
beard	(a) barba
forehead	(a) testa
eyebrow	(a) sobrancelha
eyelashes	(as) pestanas
pupil	(a) pupila
cheek	(a) bochecha
chin	(o) queixo
dimple	(a) covinha
wrinkle	(a) ruga
freckles	(as) sardas
tongue	(a) língua
nostril	(a) narina
temple	(a) têmpora

Body Parts

head	(a) cabeça
arm	(o) braço
hand	(a) mão
leg	(a) perna
knee	(o) joelho
foot	(o) pé
belly	(a) barriga
belly button	(o) umbigo
bosom	(o) seio

chest	(o) peito
elbow	(o) cotovelo
nipple	(o) mamilo
shoulder	(o) ombro
neck	(o) pescoço
bottom	(as) nádegas
nape	(a) nuca
back (part of body)	(as) costas
waist	(a) cintura

Hand & Foot

finger	(o) dedo
thumb	(o) polegar
fingernail	(a) unha
toe	(o) dedo do pé
heel	(o) calcanhar
palm	(a) palma
wrist	(o) pulso
fist	(o) punho
Achilles tendon	(o) tendão de Aquiles
index finger	(o) dedo indicador
middle finger	(o) dedo do meio
ring finger	(o) dedo anelar
little finger	(o) dedo mindinho

Bones & More

bone (part of body)	(o) osso
muscle	(o) músculo
tendon	(o) tendão
vertebra	(a) vértebra
pelvis	(a) pélvis
breastbone	(o) esterno
rib	(a) costela
collarbone	(a) clavícula

skeleton	(o) esqueleto
skull	(o) crânio
shoulder blade	(a) omoplata
kneecap	(a) rótula
cartilage	(a) cartilagem
jawbone	(o) maxilar
nasal bone	(o) osso nasal
spine	(a) coluna vertebral
ankle	(o) tornozelo
bone marrow	(a) medula óssea

Organs

heart	(o) coração
lung	(o) pulmão
liver	(o) fígado
kidney	(o) rim
vein	(a) veia
artery	(a) artéria
stomach	(o) estômago
intestine	(o) intestino
bladder	(a) bexiga
brain	(o) cérebro
anus	(o) ânus
appendix	(o) apêndice
spleen	(o) baço
oesophagus	(o) esófago
nerve	(o) nervo
spinal cord	(a) medula espinhal
pancreas	(o) pâncreas
gall bladder	(a) vesícula biliar
colon	(o) cólon
small intestine	(o) intestino delgado
windpipe	(a) traqueia
diaphragm	(o) diafragma

duodenum	(o) duodeno

Reproduction

testicle	(o) testículo
penis	(o) pénis
prostate	(a) próstata
ovary	(o) ovário
oviduct	(o) oviduto
uterus	(o) útero
ovum	(o) óvulo
sperm	(o) esperma
scrotum	(o) escroto
clitoris	(o) clitóris
vagina	(a) vagina

Adjective

Colours

white	branco
black	preto
grey	cinzento
green	verde
blue	azul
red	vermelho
pink	côr-de-rosa
orange (colour)	laranja
purple	roxo
yellow	amarelo
brown	castanho
beige	bege

Basics

heavy	pesado
light (weight)	leve
correct	correto
difficult	difícil
easy	fácil
wrong	errado
many	muitos
few	poucos
new	novo
old (not new)	velho
slow	lento
quick	rápido
poor	pobre
rich	rico
funny	engraçado
boring	aborrecido
fair	justo

unfair	injusto

Feelings

good	bom
bad	mau
weak	fraco
happy	feliz
sad	triste
strong	forte
angry	zangado
healthy	saudável
sick	doente
hungry	esfomeado
thirsty	sedento
full (from eating)	satisfeito
proud	orgulhoso
lonely	só
tired	cansado
safe (adjective)	seguro

Space

short (length)	curto
long	comprido
round	redondo
small	pequeno
big	grande
square (adjective)	angular
twisting	tortuoso
straight (line)	reto
high	alto
low	baixo
steep	íngreme
flat	plano
shallow	raso

deep	profundo
broad	largo
narrow	estreito
huge	enorme

Place

right	(a) direita
left	(a) esquerda
above	acima
back (position)	atrás
front	(a) frente
below	abaixo
here	aqui
there	ali
close	perto
far	longe
inside	dentro
outside	fora
beside	ao lado
north	(a) norte
east	(a) este
south	(a) sul
west	(a) oeste

Things

cheap	barato
expensive	caro
full (not empty)	cheio
hard	duro
soft	suave
empty	vazio
light (colour)	claro
dark	escuro
clean	limpo

dirty	sujo
boiled	cozido
raw	cru
strange	estranho
sour	azedo
sweet	doce
salty	salgado
hot (spicy)	picante
juicy	suculento

People

short (height)	baixo
tall	alto
slim	delgado
young	jovem
old (not young)	velho
plump	roliço
skinny	magro
chubby	gorducho
cute	fofo
clever	esperto
evil	malvado
well-behaved	bem-comportado
cool	fixe
worried	preocupado
surprised	surpreendido
sober	sóbrio
drunk	bêbado
blind	cego
mute	mudo
deaf	surdo
guilty	culpado
friendly	amigável
busy	ocupado

bloody	sangrento
pale	pálido
strict	rigoroso
holy	santo
beautiful	belo
silly	tonto
crazy	louco
ugly	feio
handsome	bonito
greedy	ganancioso
generous	generoso
brave	corajoso
shy	tímido
lazy	preguiçoso
sexy	sensual
stupid	estúpido

Outside

cold (adjective)	frio
hot (temperature)	muito quente
warm	quente
silent	silencioso
quiet	tranquilo
loud	barulhento
wet	molhado
dry	seco
windy	ventoso
cloudy	nublado
foggy	nebuloso
rainy	chuvoso
sunny	ensolarado

Verb

Basics

to open (e.g. a door)	abrir
to close	fechar
to sit	sentar
to turn on	ligar
to turn off	apagar
to stand	ficar de pé
to lie	deitar
to come	vir
to think	pensar
to know	saber
to fail	falhar
to win	ganhar
to lose	perder
to live	viver
to die	morrer

Action

to take	tirar
to put	colocar
to find	encontrar
to smoke	fumar
to steal	roubar
to kill	matar
to fly	voar
to carry	carregar
to rescue	resgatar
to burn	queimar
to injure	magoar
to attack	atacar
to defend	defender
to fall	cair

to vote	votar
to choose	escolher
to gamble	apostar
to shoot	disparar
to saw	serrar
to drill	perfurar
to hammer	martelar

Body

to eat	comer
to drink	beber
to talk	falar
to laugh	rir
to cry	chorar
to sing	cantar
to walk	andar
to watch	ver
to work	trabalhar
to breathe	respirar
to smell	cheirar
to listen	ouvir
to lose weight	emagrecer
to gain weight	engordar
to shrink	encolher
to grow	crescer
to smile	sorrir
to whisper	sussurrar
to touch	tocar
to shiver	tremer
to bite	morder
to swallow	engolir
to faint	desmaiar
to stare	fitar
to kick	dar um pontapé

to shout	gritar
to spit	cuspir
to vomit	vomitar

Interaction

to ask	perguntar
to answer	responder
to help	ajudar
to like	gostar
to love	amar
to give (somebody something)	dar
to marry	casar
to meet	encontrar
to kiss	beijar
to argue	discutir
to share	partilhar
to warn	avisar
to follow	seguir
to hide	esconder
to bet	apostar
to feed	alimentar
to threaten	ameaçar
to give a massage	massajar

Movements

to run	correr
to swim	nadar
to jump	saltar
to lift	levantar
to pull (... open)	puxar
to push (... open)	empurrar
to press (a button)	pressionar
to throw	atirar
to crawl	gatinhar

to fight	lutar
to catch	apanhar
to hit	bater
to climb	escalar
to roll	rolar
to dig	escavar

Business

to buy	comprar
to pay	pagar
to sell	vender
to study	estudar
to practice	praticar
to call	telefonar
to read	ler
to write	escrever
to calculate	calcular
to measure	medir
to earn	ganhar
to look for	procurar
to cut	cortar
to count	contar
to scan	digitalizar
to print	imprimir
to copy	copiar
to fix	consertar
to quote	citar
to deliver	entregar

Home

to sleep	dormir
to dream	sonhar
to wait	esperar
to clean	limpar

to wash	lavar
to cook	cozinhar
to play	jogar
to travel	viajar
to enjoy	desfrutar
to bake	assar
to fry	fritar
to boil	ferver
to pray	rezar
to rest	descansar
to lock	trancar
to open (unlock)	abrir
to celebrate	celebrar
to dry	secar
to fish	pescar
to take a shower	tomar banho
to iron	passar roupa
to vacuum	aspirar
to paint	pintar

House

Parts

door	(a) porta
window (building)	(a) janela
wall	(a) parede
roof	(o) telhado
elevator	(o) elevador
stairs	(a) escada
toilet (at home)	(a) retrete
attic	(o) sótão
basement	(a) cave
solar panel	(o) painel solar
chimney	(a) chaminé
fifth floor	(o) quinto andar
first floor	(o) primeiro andar
ground floor	(o) rés-do-chão
first basement floor	(o) primeiro subsolo
second basement floor	(o) segundo subsolo
living room	(a) sala de estar
bedroom	(o) quarto
kitchen	(a) cozinha
corridor	(o) corredor
front door	(a) porta de entrada
bathroom	(a) casa de banho
workroom	(o) escritório
nursery	(o) berçário
floor	(o) chão
ceiling	(o) teto
garage door	(o) portão da garagem
garage	(a) garagem
garden	(o) jardim
balcony	(a) varanda
terrace	(o) terraço

Devices

TV set	(a) televisão
remote control	(o) controlo remoto
security camera	(a) câmara de segurança
rice cooker	(a) panela de arroz
router	(o) router
heating	(o) aquecimento
washing machine	(a) máquina de lavar roupa
fridge	(o) frigorífico
freezer	(o) congelador
microwave	(o) micro-ondas
oven	(o) forno
cooker	(o) fogão
cooker hood	(o) exaustor
dishwasher	(a) máquina de lavar louça
kettle	(a) chaleira
mixer	(a) batedeira
electric iron	(o) ferro de engomar
toaster	(a) torradeira
hairdryer	(o) secador de cabelo
ironing table	(a) tábua de engomar
vacuum cleaner	(o) aspirador de pó
coffee machine	(a) máquina de café
air conditioner	(o) ar condicionado
satellite dish	(a) antena parabólica
fan	(a) ventoinha
radiator	(o) radiador
sewing machine	(a) máquina de costura

Kitchen

spoon	(a) colher
fork	(o) garfo
knife	(a) faca
plate	(o) prato

bowl	(a) tigela
glass	(o) copo
cup (for cold drinks)	(o) copo
garbage bin	(o) caixote do lixo
chopstick	(o) pauzinho
light bulb	(a) lâmpada
pan	(a) panela
pot	(o) tacho
ladle	(a) concha
cup (for hot drinks)	(a) chávena
teapot	(a) chaleira
grater	(o) ralador
cutlery	talheres
tap	(a) torneira
sink	(a) pia
wooden spoon	(a) colher de pau
chopping board	(a) tábua de cortar
sponge	(a) esponja
corkscrew	(o) saca-rolhas

Bedroom

bed	(a) cama
alarm clock	(o) relógio despertador
curtain	(a) cortina
bedside lamp	(o) candeeiro
wardrobe	(o) guarda-roupa
drawer	(a) gaveta
bunk bed	(o) beliche
desk	(a) secretária
cupboard	(o) armário
shelf	(a) prateleira
blanket	(o) cobertor
pillow	(a) almofada
mattress	(o) colchão

night table	(a) mesa de cabeceira
cuddly toy	(o) boneco de pelúcia
bookshelf	(a) estante
lamp	(o) candeeiro
safe (for money)	(o) cofre
baby monitor	(o) intercomunicador para bebé

Bathroom

broom	(a) vassoura
shower	(o) chuveiro
mirror	(o) espelho
scale	(a) balança
bucket	(o) balde
toilet paper	(o) papel higiénico
basin	(o) lavatório
towel	(a) toalha
tile	(o) azulejo
toilet brush	(a) escova de sanita
soap	(o) sabão
bath towel	(a) toalha de banho
bathtub	(a) banheira
shower curtain	(a) cortina de chuveiro
laundry	(a) roupa suja
laundry basket	(o) cesto de roupa
peg	(a) mola
washing powder	(o) detergente em pó

Living room

chair	(a) cadeira
table	(a) mesa
clock	(o) relógio
calendar	(o) calendário
picture	(a) fotografia
carpet	(o) tapete

sofa	(o) sofá
power outlet	(a) tomada
coffee table	(a) mesa de café
houseplant	(a) planta de interior
shoe cabinet	(o) armário para calçado
light switch	(o) interruptor
stool	(o) tamborete
rocking chair	(a) cadeira de balanço
door handle	(a) maçaneta
tablecloth	(a) toalha de mesa
blind	(a) persiana
keyhole	(o) buraco da fechadura
smoke detector	(o) detetor de fumo

Garden

neighbour	(o) vizinho
axe	(o) machado
saw	(a) serra
ladder	(a) escada
fence	(a) cerca
swimming pool (garden)	(a) piscina
deck chair	(a) espreguiçadeira
mailbox (for letters)	(a) caixa de correio
pond	(o) lago pequeno
shed	(o) barracão
flower bed	(o) canteiro de flores
lawn mower	(o) corta-relva
rake	(o) ancinho
shovel	(a) pá
water can	(o) regador
wheelbarrow	(o) carrinho de mão
hose	(a) mangueira
pitchfork	(o) forcado
loppers	(a) tesoura de podar

flower pot	(o) vaso
hedge	(a) sebe
tree house	(a) casa na árvore
hoe	(a) enxada
chainsaw	(a) motosserra
kennel	(a) casota
bell	(a) campainha
greenhouse	(a) estufa

Food

Dairy Products

egg	(o) ovo
milk	(o) leite
cheese	(o) queijo
butter	(a) manteiga
yoghurt	(o) iogurte
ice cream	(o) gelado
cream (food)	(as) natas
sour cream	(o) creme azedo
whipped cream	(o) creme chantilly
egg white	(a) clara
yolk	(a) gema
boiled egg	(o) ovo cozido
buttermilk	(o) leitelho
feta	(o) feta
mozzarella	(o) mozarela
parmesan	(o) parmesão
milk powder	(o) leite em pó

Meat & Fish

meat	(a) carne
fish (to eat)	(o) peixe
steak	(o) bife
sausage	(a) salsicha
bacon	(o) toucinho
ham	(o) presunto
lamb	(a) carne de cordeiro
pork	(a) carne de porco
beef	(a) carne de vaca
chicken (meat)	(a) carne de frango
turkey	(a) carne de peru
salami	(o) salame

game	(a) carne de veado
veal	(a) vitela
fat meat	(a) carne gorda
lean meat	(a) carne magra
minced meat	(a) carne picada
salmon	(o) salmão
tuna	(o) atum
sardine	(a) sardinha
fishbone	(a) espinha
bone (food)	(o) osso

Vegetables

lettuce	(a) alface
potato	(a) batata
mushroom	(o) cogumelo
garlic	(o) alho
cucumber	(o) pepino
onion	(a) cebola
corn	(o) milho
pea	(a) ervilha
bean	(o) feijão
celery	(o) aipo
okra	(o) quiabo
bamboo (food)	(o) bambu
Brussels sprouts	(a) couve de Bruxelas
spinach	(o) espinafre
turnip cabbage	(a) couve-rábano
broccoli	(os) brócolos
cabbage	(o) repolho
artichoke	(a) alcachofra
cauliflower	(a) couve-flor
pepper (vegetable)	(o) pimento
chili	(a) pimenta
courgette	(a) curgete

radish	(o) rabanete
carrot	(a) cenoura
sweet potato	(a) batata doce
aubergine	(a) beringela
ginger	(o) gengibre
spring onion	(o) cebolinho
leek	(o) alho-porro
truffle	(a) trufa
pumpkin	(a) abóbora
lotus root	(a) raiz de lótus

Fruits & More

apple	(a) maçã
banana	(a) banana
pear	(a) pera
tomato	(o) tomate
orange (food)	(a) laranja
lemon	(o) limão
strawberry	(o) morango
pineapple	(o) ananás
water melon	(a) melancia
grapefruit	(a) toranja
lime	(a) lima
peach	(o) pêssego
apricot	(o) alperce
plum	(a) ameixa
cherry	(a) cereja
blackberry	(a) amora
cranberry	(o) oxicoco
blueberry	(o) mirtilo
raspberry	(a) framboesa
currant	(a) groselha
sugar melon	(o) melão
grape	(a) uva

avocado	(o) abacate
kiwi	(o) quivi
lychee	(a) lechia
papaya	(a) papaia
mango	(a) manga
pistachio	(o) pistache
cashew	(o) caju
peanut	(o) amendoim
hazelnut	(a) avelã
walnut	(a) noz
almond	(a) amêndoa
coconut	(o) coco
date (food)	(a) tâmara
fig	(o) figo
raisin	(a) uva passa
olive	(a) azeitona
pit	(o) caroço
peel	(a) casca
jackfruit	(a) jaca

Spices

salt	(o) sal
pepper (spice)	(a) pimenta
curry	(o) caril
vanilla	(a) baunilha
nutmeg	(a) noz-moscada
paprika	(a) paprica
cinnamon	(a) canela
lemongrass	(o) capim-limão
fennel	(o) funcho
thyme	(o) tomilho
mint	(a) menta
chive	(o) cebolinho
marjoram	(a) manjerona

basil	(o) manjericão
rosemary	(o) alecrim
dill	(o) endro
coriander	(o) coentro
oregano	(o) orégão

Products

flour	(a) farinha
sugar	(o) açúcar
rice	(o) arroz
bread	(o) pão
noodle	(a) massa
oil	(o) óleo
soy	(a) soja
wheat	(o) trigo
oat	(a) aveia
sugar beet	(a) beterraba sacarina
sugar cane	(a) cana-de-açúcar
rapeseed oil	(o) óleo de colza
sunflower oil	(o) óleo de girassol
olive oil	(o) azeite
peanut oil	(o) óleo de amendoim
soy milk	(o) leite de soja
corn oil	(o) óleo de milho
vinegar	(o) vinagre
yeast	(a) levedura
baking powder	(o) fermento em pó
gluten	(o) glúten
tofu	(o) tofu
icing sugar	(o) açúcar em pó
granulated sugar	(o) açúcar granulado
vanilla sugar	(o) açúcar de baunilha
tobacco	(o) tabaco

Breakfast

honey	(o) mel
jam	(a) compota
peanut butter	(a) manteiga de amendoim
nut	(a) noz
oatmeal	(a) aveia
cereal	(os) cereais
maple syrup	(o) xarope de ácer
chocolate cream	(o) chocolate de barrar
porridge	(as) papas de aveia
baked beans	(o) feijão cozido
scrambled eggs	(os) ovos mexidos
muesli	(o) muesli
fruit salad	(a) salada de fruta
dried fruit	(o) fruto seco

Sweet Food

cake	(o) bolo
cookie	(a) bolacha
muffin	(o) queque
biscuit	(o) biscoito
chocolate	(o) chocolate
candy	(o) rebuçado
doughnut	(o) dónute
brownie	(o) brownie
pudding	(o) pudim
custard	(o) creme de leite
cheesecake	(o) cheesecake
crêpe	(o) crepe
croissant	(o) croissant
pancake	(a) panqueca
waffle	(o) gofre
apple pie	(a) tarte de maçã
marshmallow	(o) marshmallow

chewing gum	(a) pastilha elástica
fruit gum	(a) goma
liquorice	(o) alcaçuz
caramel	(o) caramelo
candy floss	(o) algodão doce
nougat	(o) nogado

Drinks

water	(a) água
tea	(o) chá
coffee	(o) café
coke	(a) cola
milkshake	(o) batido de leite
orange juice	(o) sumo de laranja
soda	(a) água gasosa
tap water	(a) água da torneira
black tea	(o) chá preto
green tea	(o) chá verde
milk tea	(o) chá com leite
hot chocolate	(o) chocolate quente
cappuccino	(o) capuchino
espresso	(o) expresso
mocha	(o) moca
iced coffee	(o) café gelado
lemonade	(a) limonada
apple juice	(o) sumo de maçã
smoothie	(o) batido de fruta
energy drink	(a) bebida energética

Alcohol

wine	(o) vinho
beer	(a) cerveja
champagne	(o) champanhe
red wine	(o) vinho tinto

white wine	(o) vinho branco
gin	(o) gin
vodka	(a) vodca
whiskey	(o) uísque
rum	(o) rum
brandy	(o) brandy
cider	(a) cidra
tequila	(a) tequila
cocktail	(o) cocktail
martini	(o) martini
liqueur	(o) licor
sake	(o) saqué
sparkling wine	(o) vinho espumante

Meals

soup	(a) sopa
salad	(a) salada
dessert	(a) sobremesa
starter	(a) entrada
side dish	(o) acompanhamento
snack	(o) lanche
breakfast	(o) pequeno-almoço
lunch	(o) almoço
dinner	(o) jantar
picnic	(o) piquenique
seafood	(o) marisco
street food	(a) comida de rua
menu	(o) menu
tip	(a) gorjeta
buffet	(o) bufê

Western Food

pizza	(a) piza
spaghetti	(o) esparguete

potato salad	(a) salada de batata
mustard	(a) mostarda
barbecue	(o) churrasco
steak	(o) bife
roast chicken	(o) frango assado
pie	(a) tarte
meatball	(a) almôndega
lasagne	(a) lasanha
fried sausage	(a) salsicha frita
skewer	(a) espetada
goulash	(o) goulash
roast pork	(a) carne de porco assada
mashed potatoes	(o) puré de batata

Asian Food

sushi	(o) sushi
spring roll	(o) rolinho primavera
instant noodles	(os) noodles instantâneos
fried noodles	(os) noodles fritos
fried rice	(o) arroz frito
ramen	(o) ramen
dumpling	(o) dumpling
dim sum	(o) dim sum
hot pot	(o) hot pot
Beijing duck	(o) pato de Pequim

Fast Food

burger	(o) hambúrguer
French fries	(a) batata frita
chips	(a) batata frita
tomato sauce	(o) molho de tomate
mayonnaise	(a) maionese
popcorn	(a) pipoca
hamburger	(o) hambúrguer

cheeseburger	(o) hambúrguer de queijo
hot dog	(o) cachorro-quente
sandwich	(a) sandes
chicken nugget	(o) nugget de frango
fish and chips	(o) peixe e fritas
kebab	(o) kebab
chicken wings	(as) asas de frango
onion ring	(o) anel de cebola
potato wedges	(as) fatias de batata
nachos	(os) nachos

Life

Holiday

luggage	(a) bagagem
hotel	(o) hotel
passport	(o) passaporte
tent	(a) tenda
sleeping bag	(o) saco-cama
backpack	(a) mochila
room key	(a) chave do quarto
guest	(o) convidado
lobby	(o) salão de entrada
room number	(o) número do quarto
single room	(o) quarto individual
double room	(o) quarto de casal
dorm room	(o) dormitório
room service	(o) serviço de quarto
minibar	(o) minibar
reservation	(a) reserva
membership	(a) filiação
beach	(a) praia
parasol	(o) guarda-sol
camping	(o) camping
camping site	(o) acampamento
campfire	(a) fogueira
air mattress	(o) colchão de ar
postcard	(o) postal
diary	(o) diário
visa	(o) visto
hostel	(o) albergue
booking	(a) reserva
member	(o) membro

Time

second (time)	(o) segundo
minute	(o) minuto
hour	(a) hora
morning (6:00-9:00)	(a) manhã
noon	(o) meio-dia
evening	(a) tardinha
morning (9:00-11:00)	(a) manhã
afternoon	(a) tarde
night	(a) noite
1:00	uma hora
2:05	duas e cinco
3:10	três e dez
4:15	quatro e um quarto
5:20	cinco e vinte
6:25	seis e vinte e cinco
7:30	sete e meia
8:35	oito e trinta e cinco
9:40	vinte para as dez
10:45	um quarto para as onze
11:50	dez para as doze
12:55	cinco para a uma
one o'clock in the morning	uma da manhã
two o'clock in the afternoon	duas da tarde
half an hour	meia hora
quarter of an hour	um quarto de hora
three quarters of an hour	três quartos de hora
midnight	(a) meia-noite
now	agora

Date

the day before yesterday	anteontem
yesterday	ontem
today	hoje
tomorrow	amanhã

the day after tomorrow	depois de amanhã
spring	(a) primavera
summer	(o) verão
autumn	(o) outono
winter	(o) inverno
Monday	(a) segunda-feira
Tuesday	(a) terça-feira
Wednesday	(a) quarta-feira
Thursday	(a) quinta-feira
Friday	(a) sexta-feira
Saturday	(o) sábado
Sunday	(o) domingo
day	(o) dia
week	(a) semana
month	(o) mês
year	(o) ano
January	janeiro
February	fevereiro
March	março
April	abril
May	maio
June	junho
July	julho
August	agosto
September	setembro
October	outubro
November	novembro
December	dezembro
century	(o) século
decade	(a) década
millennium	(o) milénio
2014-01-01	um de janeiro de dois mil e catorze
2015-04-03	três de abril de dois mil e quinze
2016-05-17	dezassete de maio de dois mil e dezasseis

1988-04-12	vinte de abril de mil novecentos e oitenta e oito
1899-10-13	treze de outubro de mil oitocentos e noventa e nove
2000-12-12	doze de dezembro de dois mil
1900-11-11	onze de novembro de mil e novecentos
2010-07-14	catorze de julho de dois mil e dez
1907-09-30	trinta de setembro de mil novecentos e sete
2003-02-25	vinte e cinco de fevereiro de dois mil e três
last week	(a) semana passada
this week	(a) esta semana
next week	(a) próxima semana
last year	(o) ano passado
this year	(o) este ano
next year	(o) próximo ano
last month	(o) mês passado
this month	(o) este mês
next month	(o) próximo mês
birthday	(o) aniversário
Christmas	(o) Natal
New Year	(o) Ano Novo
Ramadan	(o) Ramadão
Halloween	(a) Noite das Bruxas
Thanksgiving	(o) Dia de Ação de Graças
Easter	(a) Páscoa

Relatives

daughter	(a) filha
son	(o) filho
mother	(a) mãe
father	(o) pai
wife	(a) esposa
husband	(o) marido
grandfather (paternal)	(o) avô
grandfather (maternal)	(o) avô
grandmother (paternal)	(a) avó

grandmother (maternal)	(a) avó
aunt	(a) tia
uncle	(o) tio
cousin (male)	(o) primo
cousin (female)	(a) prima
big brother	(o) irmão mais velho
little brother	(o) irmão mais novo
big sister	(a) irmã mais velha
little sister	(a) irmã mais nova
niece	(a) sobrinha
nephew	(o) sobrinho
daughter-in-law	(a) nora
son-in-law	(o) genro
grandson	(o) neto
granddaughter	(a) neta
brother-in-law	(o) cunhado
sister-in-law	(a) cunhada
father-in-law	(o) sogro
mother-in-law	(a) sogra
parents	(os) pais
parents-in-law	(os) sogros
siblings	(os) irmãos
grandchild	(o) neto
stepfather	(o) padrasto
stepmother	(a) madrasta
stepdaughter	(a) enteada
stepson	(o) enteado
dad	(o) papá
mum	(a) mamã

Life

man	(o) homem
woman	(a) mulher
child	(a) criança

boy	(o) rapaz
girl	(a) rapariga
baby	(o) bebé
love	(o) amor
job	(o) trabalho
death	(a) morte
birth	(o) nascimento
infant	(o) recém-nascido
birth certificate	(a) certidão de nascimento
nursery	(a) creche
kindergarten	(o) jardim de infância
primary school	(a) escola primária
twins	(os) gémeos
triplets	(os) trigémeos
junior school	(a) escola do segundo ciclo
high school	(o) secundário
friend	(o) amigo
girlfriend	(a) namorada
boyfriend	(o) namorado
university	(a) universidade
vocational training	(a) formação vocacional
graduation	(a) graduação
engagement	(o) noivado
fiancé	(o) noivo
fiancée	(o) noiva
lovesickness	(a) saudade
sex	(o) sexo
engagement ring	(o) anel de noivado
kiss	(o) beijo
wedding	(o) casamento
divorce	(o) divórcio
groom	(o) noivo
bride	(a) noiva
wedding dress	(o) vestido de casamento

wedding ring	(a) aliança
wedding cake	(o) bolo de casamento
honeymoon	(a) lua de mel
funeral	(o) funeral
retirement	(a) reforma
coffin	(o) caixão
corpse	(o) cadáver
urn	(a) urna
grave	(a) campa
widow	(a) viúva
widower	(o) viúvo
orphan	(o) órfão
testament	(o) testamento
heir	(o) herdeiro
heritage	(a) herança
gender	(o) género
cemetery	(o) cemitério

Transport

Car

tyre	(o) pneu
steering wheel	(o) volante
throttle	(o) acelerador
brake	(o) travão
clutch	(a) embraiagem
horn	(a) buzina
windscreen wiper	(o) limpa para-brisas
battery	(a) bateria
rear trunk	(o) porta-bagagem
wing mirror	(o) espelho lateral
rear mirror	(o) retrovisor
windscreen	(o) para-brisas
bonnet	(o) capô
side door	(a) porta lateral
front light	(o) farol dianteiro
bumper	(o) para-choques
seatbelt	(o) cinto de segurança
diesel	(o) gasóleo
petrol	(a) gasolina
back seat	(o) banco traseiro
front seat	(o) banco dianteiro
gear shift	(a) mudança manual
automatic	(a) mudança automática
dashboard	(o) painel de instrumentos
airbag	(o) airbag
GPS	(o) GPS
speedometer	(o) velocímetro
gear lever	(a) alavanca das mudanças
motor	(o) motor
exhaust pipe	(o) tubo de escape
hand brake	(o) freio de mão

shock absorber	(o) amortecedor
rear light	(a) luz traseira
brake light	(a) luz de freio

Bus & Train

train	(o) comboio
bus	(o) autocarro
tram	(o) elétrico
subway	(o) metro
bus stop	(a) paragem de autocarro
train station	(a) estação de comboios
timetable	(o) horário
fare	(a) tarifa
minibus	(o) mini-autocarro
school bus	(o) autocarro escolar
platform	(a) plataforma
locomotive	(a) locomotiva
steam train	(o) comboio a vapor
high-speed train	(o) comboio de alta velocidade
monorail	(o) monocarril
freight train	(o) comboio de mercadorias
ticket office	(a) bilheteira
ticket vending machine	(a) bilheteira automática
railtrack	(a) via ferroviária

Plane

airport	(o) aeroporto
emergency exit (on plane)	(a) saída de emergência
helicopter	(o) helicóptero
wing	(a) asa
engine	(a) turbina
life jacket	(o) colete salva-vidas
cockpit	(a) cabina do piloto
row	(a) fila

window (in plane)	(a) janela
aisle	(o) corredor
glider	(o) planador
cargo aircraft	(o) avião de mercadorias
business class	(a) classe executiva
economy class	(a) classe económica
first class	(a) primeira classe
carry-on luggage	(a) bagagem de mão
check-in desk	(o) balcão de check-in
airline	(a) companhia aérea
control tower	(a) torre de controlo
customs	(a) alfândega
arrival	(a) chegada
departure	(a) partida
runway	(a) pista

Ship

harbour	porto
container	contentor
container ship	navio cargueiro
yacht	iate
ferry	(a) balsa
anchor	(a) âncora
rowing boat	barco a remos
rubber boat	barco de borracha insuflável
mast	mastro
life buoy	boia salva-vidas
sail	vela
radar	radar
deck	convés
lifeboat	barco salva-vidas
bridge	ponte de comando
engine room	casa das máquinas
cabin	cabina

sailing boat	barco à vela
submarine	submarino
aircraft carrier	porta-aviões
cruise ship	cruzeiro
fishing boat	barco de pesca
pier	cais
lighthouse	farol
canoe	canoa

Infrastructure

road	(a) estrada
motorway	(a) autoestrada
petrol station	(o) posto de combustível
traffic light	(o) semáforo
construction site	(a) local de construção
car park	(o) parque de estacionamento
traffic jam	(o) engarrafamento
intersection	(o) cruzamento
toll	(a) portagem
overpass	(o) viaduto
underpass	(a) passagem subterrânea
one-way street	(a) via de sentido único
pedestrian crossing	(a) passadeira
speed limit	(o) limite de velocidade
roundabout	(a) rotunda
parking meter	(o) parquímetro
car wash	(a) lavagem de automóveis
pavement	(o) passeio
rush hour	(a) hora de ponta
street light	(a) iluminação pública

Others

car	(o) automóvel
ship	(o) navio

plane	(o) avião
bicycle	(a) bicicleta
taxi	(o) táxi
lorry	(o) camião
snowmobile	(a) moto de neve
cable car	(o) teleférico
classic car	(o) automóvel clássico
limousine	(a) limusina
motorcycle	(a) motocicleta
motor scooter	(a) lambreta
tandem	(a) bicicleta tandem
racing bicycle	(a) bicicleta de corrida
hot-air balloon	(o) balão de ar quente
caravan	(a) caravana
trailer	(o) atrelado
child seat	(o) assento para criança
antifreeze fluid	(o) anticongelante
jack	(o) macaco
chain	(a) corrente
air pump	(a) bomba de ar
tractor	(o) trator
combine harvester	(a) ceifeira-debulhadora
excavator	(a) escavadora
road roller	(o) rolo de estrada
crane truck	(o) camião-grua
tank	(o) tanque
concrete mixer	(o) camião-betoneira
forklift truck	(a) empilhadora

Culture

Cinema & TV

TV	(a) televisão
cinema	(o) cinema
ticket	(o) bilhete
comedy	(a) comédia
thriller	(o) suspense
horror movie	(o) filme de terror
western film	(o) faroeste
science fiction	(a) ficção científica
cartoon	(a) animação
screen (cinema)	(o) ecrã de cinema
seat	(o) assento
news	(as) notícias
channel	(o) canal
TV series	(a) série de televisão

Instruments

violin	(o) violino
keyboard (music)	(o) teclado
piano	(o) piano
trumpet	(o) trompete
guitar	(a) guitarra
flute	(a) flauta transversal
harp	(a) harpa
double bass	(o) contrabaixo
viola	(a) viola
cello	(o) violoncelo
oboe	(o) oboé
saxophone	(o) saxofone
bassoon	(o) fagote
clarinet	(o) clarinete
tambourine	(o) tamborim

cymbals	(os) pratos
snare drum	(a) tarola
kettledrum	(o) timbale
triangle	(o) triângulo
trombone	(o) trombone
French horn	(a) trompa
tuba	(a) tuba
bass guitar	(o) baixo
electric guitar	(a) guitarra elétrica
drums	(a) bateria
organ	(o) órgão
xylophone	(o) xilofone
accordion	(o) acordeão
ukulele	(o) ukulele
harmonica	(a) harmónica

Music

opera	(a) ópera
orchestra	(a) orquestra
concert	(o) concerto
classical music	(a) música clássica
pop	(o) pop
jazz	(o) jazz
blues	(o) blues
punk	(o) punk
rock (music)	(o) rock
folk music	(a) música folclórica
heavy metal	(o) heavy metal
rap	(o) rap
reggae	(o) reggae
lyrics	(a) letra
melody	(a) melodia
note (music)	(a) nota
clef	(a) clave de sol

| symphony | (a) sinfonia |

Arts

theatre	(o) teatro
stage	(o) palco
audience	(a) audiência
painting	(a) pintura
drawing	(o) desenho
palette	(a) paleta
brush (to paint)	(o) pincel
oil paint	(a) tinta à óleo
origami	(o) origami
pottery	(a) cerâmica
woodwork	(a) marcenaria
sculpting	(a) escultura
cast	(o) elenco
play	(a) peça
script	(o) guião
portrait	(o) retrato

Dancing

ballet	(o) balé
Viennese waltz	(a) valsa de Viena
tango	(o) tango
Ballroom dance	(a) dança de salão
Latin dance	(a) dança latina
rock 'n' roll	(o) rock and roll
waltz	(a) valsa
quickstep	(o) quickstep
cha-cha	(o) chachachá
jive	(o) jive
salsa	(a) salsa
samba	(o) samba
rumba	(a) rumba

Writing

newspaper	(o) jornal
magazine	(a) revista
advertisement	(o) anúncio
letter (like a, b, c)	(a) letra
character	(o) carater
text	(o) texto
flyer	(o) panfleto
leaflet	(o) folheto
comic book	(a) banda desenhada
article	(o) artigo
photo album	(o) álbum de fotografias
newsletter	(o) boletim informativo
joke	(a) anedota
Sudoku	(o) sudoku
crosswords	(as) palavras cruzadas
caricature	(a) caricatura
table of contents	(o) índice
preface	(o) prefácio
content	(o) conteúdo
heading	(o) cabeçalho
publisher	(a) editora
novel	(o) romance
textbook	(o) livro escolar
alphabet	(o) alfabeto

School

Basics

book	(o) livro
dictionary	(o) dicionário
library	(a) biblioteca
exam	(o) exame
blackboard	(o) quadro
desk	(a) secretária
chalk	(o) giz
schoolyard	(o) pátio da escola
school uniform	(o) uniforme escolar
schoolbag	(a) mochila da escola
notebook	(o) caderno
lesson	(a) lição
homework	(o) trabalho de casa
essay	(a) composição
term	(o) semestre
sports ground	(o) campo desportivo
reading room	(a) sala de leitura

Subjects

history	(a) história
science	(as) ciências naturais
physics	(a) física
chemistry	(a) química
art	(a) arte
English	(o) Inglês
Latin	(o) Latim
Spanish	(o) Espanhol
Mandarin	(o) Mandarim
Japanese	(o) Japonês
French	(o) Francês
German	(o) Alemão

Arabic	(o) Árabe
literature	(a) literatura
geography	(a) geografia
mathematics	(a) matemática
biology	(a) biologia
physical education	(a) educação física
economics	(a) economia
philosophy	(a) filosofia
politics	(a) politica
geometry	(a) geometria

Stationery

pen	(a) caneta
pencil	(o) lápis
rubber	(a) borracha
scissors	(a) tesoura
ruler	(a) régua
hole puncher	(o) furador
paperclip	(o) clipe de papel
ball pen	(a) esferográfica
glue	(a) cola
adhesive tape	(a) fita-cola
stapler	(o) agrafador
oil pastel	(o) lápis de cera
ink	(a) tinta
coloured pencil	(o) lápis de cor
pencil sharpener	(a) afia-lápis
pencil case	(o) estojo

Mathematics

result	(o) resultado
addition	(a) adição
subtraction	(a) subtração
multiplication	(a) multiplicação

division	(a) divisão
fraction	(a) fração
numerator	(o) numerador
denominator	(o) denominador
arithmetic	(a) aritmética
equation	(a) equação
first	(o) primeiro
second (2nd)	(o) segundo
third	(o) terceiro
fourth	(o) quarto
millimeter	(o) milímetro
centimeter	(o) centímetro
decimeter	(o) decímetro
yard	(a) jarda
meter	(o) metro
mile	(a) milha
square meter	(o) metro quadrado
cubic meter	(o) metro cúbico
foot	(o) pé
inch	(a) polegada
0%	zero por cento
100%	cem por cento
3%	três por cento

Geometry

circle	(o) círculo
square (shape)	(o) quadrado
triangle	(o) triângulo
height	(a) altura
width	(a) largura
vector	(o) vetor
diagonal	(a) diagonal
radius	(o) raio
tangent	(a) tangente

ellipse	(a) elipse
rectangle	(o) retângulo
rhomboid	(o) romboide
octagon	(o) octógono
hexagon	(o) hexágono
rhombus	(o) losango
trapezoid	(o) trapézio
cone	(o) cone
cylinder	(o) cilindro
cube	(o) cubo
pyramid	(a) pirâmide
straight line	(a) linha reta
right angle	(o) ângulo reto
angle	(o) ângulo
curve	(a) curva
volume	(o) volume
area	(a) área
sphere	(a) esfera

Science

gram	(o) grama
kilogram	(o) quilograma
ton	(a) tonelada
liter	(o) litro
volt	(o) volt
watt	(o) watt
ampere	(o) ampere
laboratory	(o) laboratório
funnel	(o) funil
Petri dish	(a) placa de Petri
microscope	(o) microscópio
magnet	(o) íman
pipette	(a) pipeta
filter	(o) filtro

pound	(a) libra
ounce	(a) onça
milliliter	(o) mililitro
force	(a) força
gravity	(a) gravidade
theory of relativity	(a) teoria da relatividade

University

lecture	(a) palestra
canteen	(o) refeitório
scholarship	(a) bolsa de estudo
graduation ceremony	(a) cerimónia de graduação
lecture theatre	(o) auditório
bachelor	(o) bacharelato
master	(o) mestrado
PhD	(o) doutoramento
diploma	(o) diploma
degree	(a) graduação
thesis	(a) tese
research	(a) pesquisa
business school	(a) escola de negócios

Characters

full stop	(o) ponto final
question mark	(o) ponto de interrogação
exclamation mark	(o) ponto de exclamação
space	(o) espaço
colon	(os) dois pontos
comma	(a) vírgula
hyphen	(o) hífen
underscore	(o) underscore
apostrophe	(o) apóstrofo
semicolon	(o) ponto e vírgula
()	(o) parêntesis

/	(a) barra
&	e
...	et cetera
1 + 2	um mais dois
2 x 3	dois vezes três
3 - 2	três menos dois
1 + 1 = 2	um mais um igual a dois
4 / 2	quatro a dividir por dois
4^2	quatro ao quadrado
6^3	seis ao cubo
3 to the power of 5	três elevado à potência cinco
3.4	três vírgula quatro
www.pinhok.com	www ponto pinhok ponto com
contact@pinhok.com	contact arroba pinhok ponto com
x < y	(o) x é menor que y
x > y	(o) x é maior que y
x >= y	(o) x é maior ou igual a y
x <= y	(o) x é menor ou igual a y

Nature

Elements

fire (general)	(o) fogo
soil	(o) solo
ash	(a) cinza
sand	(a) areia
coal	(o) carvão
diamond	(o) diamante
clay	(o) barro
chalk	(o) giz
limestone	(a) pedra calcária
granite	(o) granito
ruby	(o) rubi
opal	(a) opala
jade	(o) jade
sapphire	(a) safira
quartz	(o) quartzo
calcite	(a) calcite
graphite	(a) grafite
lava	(a) lava
magma	(a) magma

Universe

planet	(o) planeta
star	(a) estrela
sun	(o) sol
earth	(a) Terra
moon	(a) lua
rocket	(o) foguetão
Mercury	Mercúrio
Venus	Vénus
Mars	Marte
Jupiter	Júpiter

Saturn	Saturno
Neptune	Neptuno
Uranus	Urano
Pluto	Plutão
comet	(o) cometa
asteroid	(o) asteroide
galaxy	(a) galáxia
Milky Way	(a) Via Láctea
lunar eclipse	(o) eclipse lunar
solar eclipse	(o) eclipse solar
meteorite	(o) meteorito
black hole	(o) buraco negro
satellite	(o) satélite
space station	(a) estação espacial
space shuttle	(o) vaivém espacial
telescope	(o) telescópio

Earth (1)

equator	(o) equador
North Pole	(o) Polo Norte
South Pole	(o) Polo Sul
tropics	(os) trópicos
northern hemisphere	(o) hemisfério norte
southern hemisphere	(o) hemisfério sul
longitude	(a) longitude
latitude	(a) latitude
Pacific Ocean	(o) Oceano Pacífico
Atlantic Ocean	(o) Oceano Atlântico
Mediterranean Sea	(o) Mar Mediterrâneo
Black Sea	(o) Mar Negro
Sahara	(o) Saara
Himalayas	(os) Himalaias
Indian Ocean	(o) Oceano Índico
Red Sea	(o) Mar Vermelho

Amazon	(a) Amazónia
Andes	(os) Andes
continent	(o) continente

Earth (2)

sea	(o) mar
island	(a) ilha
mountain	(a) montanha
river	(o) rio
forest	(a) floresta
desert (dry place)	(o) deserto
lake	(o) lago
volcano	(o) vulcão
cave	(a) caverna
pole	(o) polo
ocean	(o) oceano
peninsula	(a) península
atmosphere	(a) atmosfera
earth's crust	(a) crosta terrestre
earth's core	(o) núcleo da Terra
mountain range	(a) cordilheira
crater	(a) cratera
earthquake	(o) terramoto
tidal wave	(o) tsunami
glacier	(o) glaciar
valley	(o) vale
slope	(a) encosta
shore	(a) beira
waterfall	(a) cascata
rock (stone)	(a) rocha
hill	(o) monte
canyon	(o) desfiladeiro
marsh	(o) pântano
rainforest	(a) floresta tropical

stream	(o) riacho
geyser	(o) géiser
coast	(a) costa
cliff	(o) penhasco
coral reef	(o) recife de coral
aurora	(a) aurora

Weather

rain	(a) chuva
snow	(a) neve
ice	(o) gelo
wind	(o) vento
storm	(a) tempestade
cloud	(a) nuvem
thunderstorm	(a) trovoada
lightning	(o) raio
thunder	(o) trovão
sunshine	(a) luz do sol
hurricane	(o) furacão
typhoon	(o) tufão
temperature	(a) temperatura
humidity	(a) humidade
air pressure	(a) pressão atmosférica
rainbow	(o) arco-íris
fog	(o) nevoeiro
flood	(a) inundação
monsoon	(a) monção
tornado	(o) tornado
centigrade	centígrados
Fahrenheit	Fahrenheit
-2 °C	menos dois graus centígrados
0 °C	zero graus centígrados
12 °C	doze graus centígrados
-4 °F	menos quatro graus Fahrenheit

| 0 °F | zero graus Fahrenheit |
| 30 °F | trinta graus Fahrenheit |

Trees

tree	(a) árvore
trunk	(o) tronco
root	(a) raiz
leaf	(a) folha
branch	(o) ramo
bamboo (plant)	(o) bambu
oak	(o) carvalho
eucalyptus	(o) eucalipto
pine	(o) pinheiro
birch	(a) bétula
larch	(o) lariço
beech	(a) faia
palm tree	(a) palmeira
maple	(o) ácer
willow	(o) salgueiro

Plants

flower	(a) flor
grass	(a) relva
cactus	(o) cacto
stalk	(o) caule
blossom	florescer
seed	(a) semente
petal	(a) pétala
nectar	(o) néctar
sunflower	(o) girassol
tulip	(a) tulipa
rose	(a) rosa
daffodil	(o) narciso
dandelion	(o) dente-de-leão

buttercup	(o) ranúnculo
reed	(a) cana
fern	(o) feto
weed	(a) erva daninha
bush	(o) arbusto
acacia	(a) acácia
daisy	(a) margaridinha
iris	(a) íris
gladiolus	(o) gladíolo
clover	(o) trevo
seaweed	(a) alga

Chemistry

gas	(o) gás
fluid	(o) líquido
solid	(o) sólido
atom	(o) átomo
metal	(o) metal
plastic	(o) plástico
atomic number	(o) número atómico
electron	(o) eletrão
neutron	(o) neutrão
proton	(o) protão
non-metal	(o) não-metal
metalloid	(o) semimetal
isotope	(o) isótopo
molecule	(a) molécula
ion	(o) ião
chemical reaction	(a) reação química
chemical compound	(o) composto químico
chemical structure	(a) estrutura química
periodic table	(a) tabela periódica
carbon dioxide	(o) dióxido de carbono
carbon monoxide	(o) monóxido de carbono

| methane | (o) metano |

Periodic Table (1)

hydrogen	(o) hidrogénio
helium	(o) hélio
lithium	(o) lítio
beryllium	(o) berílio
boron	(o) boro
carbon	(o) carbono
nitrogen	(o) nitrogénio
oxygen	(o) oxigénio
fluorine	(o) flúor
neon	(o) néon
sodium	(o) sódio
magnesium	(o) magnésio
aluminium	(o) alumínio
silicon	(o) silício
phosphorus	(o) fósforo
sulphur	(o) enxofre
chlorine	(o) cloro
argon	(o) árgon
potassium	(o) potássio
calcium	(o) cálcio
scandium	(o) escândio
titanium	(o) titânio
vanadium	(o) vanádio
chromium	(o) crómio
manganese	(o) manganês
iron	(o) ferro
cobalt	(o) cobalto
nickel	(o) níquel
copper	(o) cobre
zinc	(o) zinco
gallium	(o) gálio

germanium	(o) germânio
arsenic	(o) arsénio
selenium	(o) selénio
bromine	(o) bromo
krypton	(o) crípton
rubidium	(o) rubídio
strontium	(o) estrôncio
yttrium	(o) ítrio
zirconium	(o) zircónio

Periodic Table (2)

niobium	(o) nióbio
molybdenum	(o) molibdénio
technetium	(o) tecnécio
ruthenium	(o) ruténio
rhodium	(o) ródio
palladium	(o) paládio
silver	(a) prata
cadmium	(o) cádmio
indium	(o) índio
tin	(o) estanho
antimony	(o) antimónio
tellurium	(o) telúrio
iodine	(o) iodo
xenon	(o) xenónio
caesium	(o) césio
barium	(o) bário
lanthanum	(o) lantânio
cerium	(o) cério
praseodymium	(o) praseodímio
neodymium	(o) neodímio
promethium	(o) promécio
samarium	(o) samário
europium	(o) európio

gadolinium	(o) gadolínio
terbium	(o) térbio
dysprosium	(o) disprósio
holmium	(o) hólmio
erbium	(o) érbio
thulium	(o) túlio
ytterbium	(o) itérbio
lutetium	(o) lutécio
hafnium	(o) háfnio
tantalum	(o) tântalo
tungsten	(o) tungsténio
rhenium	(o) rénio
osmium	(o) ósmio
iridium	(o) Irídio
platinum	(a) platina
gold	(o) ouro
mercury	(o) mercúrio

Periodic Table (3)

thallium	(o) tálio
lead	(o) chumbo
bismuth	(o) bismuto
polonium	(o) polónio
astatine	(o) ástato
radon	(o) rádon
francium	(o) frâncio
radium	(o) rádio
actinium	(o) actínio
thorium	(o) tório
protactinium	(o) protactínio
uranium	(o) urânio
neptunium	(o) neptúnio
plutonium	(o) plutónio
americium	(o) amerício

curium	(o) cúrio
berkelium	(o) berquélio
californium	(o) califórnio
einsteinium	(o) einsténio
fermium	(o) férmio
mendelevium	(o) mendelévio
nobelium	(o) nobélio
lawrencium	(o) laurêncio
rutherfordium	(o) rutherfórdio
dubnium	(o) dúbnio
seaborgium	(o) seabórgio
bohrium	(o) bóhrio
hassium	(o) hássio
meitnerium	(o) meitnério
darmstadtium	(o) darmstácio
roentgenium	(o) roentgénio
copernicium	(o) copernício
ununtrium	(o) unúntrio
flerovium	(o) fleróvio
ununpentium	(o) ununpêntio
livermorium	(o) livermório
ununseptium	(o) ununséptio
ununoctium	(o) ununóctio

Clothes

Shoes

flip-flops	(os) chinelos de praia
high heels	(os) sapatos de salto alto
trainers	(os) ténis
wellington boots	(as) galochas
sandals	(as) sandálias
leather shoes	(os) sapatos de couro
heel	(o) salto
sole	(a) sola
lace	(o) atacador
slippers	(os) chinelos
bathroom slippers	(os) chinelos de banho
football boots	(as) chuteiras
skates	(os) patins
hiking boots	(as) botas de alpinismo
ballet shoes	(as) sapatilhas de meia ponta
dancing shoes	(os) sapatos de dança

Clothes

T-shirt	(a) t-shirt
shorts	(os) calções
trousers	(as) calças
jeans	(as) calças de ganga
sweater	(o) suéter
shirt	(a) camisa
suit	(o) fato
dress	(o) vestido
skirt	(a) saia
coat	(o) sobretudo
anorak	(o) anoraque
jacket	(o) casaco
leggings	(as) perneiras

sweatpants	(as) calças de treino
tracksuit	(o) fato de treino
polo shirt	(o) polo
jersey	(a) camisola
diaper	(a) fralda
wedding dress	(o) vestido de noiva
bathrobe	(o) roupão de banho
cardigan	(o) casaco de malha
blazer	(o) blazer
raincoat	(a) gabardine
evening dress	(o) vestido de noite
ski suit	(o) fato de esqui
space suit	(o) fato espacial

Underwear

bra	(o) sutiã
thong	(a) tanga
panties	(as) cuecas
underpants	(os) boxers
undershirt	(a) camisola interior
sock	(a) meia
pantyhose	(a) meia-calça
stocking	(a) meia
thermal underwear	(a) roupa interior térmica
pyjamas	(o) pijama
jogging bra	(o) soutien de desporto
negligee	(o) négligé
little black dress	(o) pequeno vestido preto
nightie	(a) camisa de noite
lingerie	(a) lingerie

Accessory

glasses	(os) óculos
sunglasses	(os) óculos escuros

umbrella	(o) guarda-chuva
ring	(o) anel
earring	(o) brinco
wallet	(a) carteira
watch	(o) relógio de pulso
belt	(o) cinto
handbag	(a) mala de mão
glove	(a) luva
scarf	(o) cachecol
hat	(o) chapéu
necklace	(o) colar
purse	(a) mala
knit cap	(o) gorro
tie	(a) gravata
bow tie	(o) laço
baseball cap	(o) chapéu de basebol
brooch	(o) alfinete de peito
bracelet	(a) bracelete
pearl necklace	(o) colar de pérolas
briefcase	(a) pasta
contact lens	(a) lente de contacto
sun hat	(o) chapéu de sol
sleeping mask	(a) máscara de dormir
earplug	(o) protetor auricular
tattoo	(a) tatuagem
bib	(o) babete
shower cap	(a) touca de banho
medal	(a) medalha
crown	(a) coroa

Sport

helmet	(o) capacete
boxing glove	(a) luva de boxe
fin	(a) barbatana

swim trunks	(os) calções de banho
bikini	(o) biquíni
swimsuit	(o) fato de banho
shinpad	(a) caneleira
sweatband	(a) fita para transpiração
swim goggles	(os) óculos de natação
swim cap	(a) touca de natação
wetsuit	(o) fato de mergulho
diving mask	(a) máscara de mergulho

Hairstyle

curly	encaracolado
straight (hair)	liso
bald head	(o) careca
blond	loiro
brunette	moreno
ginger	ruivo
scrunchy	(o) elástico de cabelo
barrette	(o) gancho de cabelo
dreadlocks	(a) rasta
hair straightener	(o) alisador de cabelo
dandruff	(as) caspas
dyed	pintado
wig	(a) peruca
ponytail	(o) rabo de cavalo

Others

button	(o) botão
zipper	(o) fecho
pocket	(o) bolso
sleeve	(a) manga
collar	(o) colarinho
tape measure	(a) fita métrica
mannequin	(o) manequim

cotton	(o) algodão
fabric	(o) tecido
silk	(a) seda
nylon	(o) nylon
polyester	(o) poliéster
wool	(a) lã
dress size	(o) tamanho
changing room	(o) vestiário

Chemist

Women

perfume	(o) perfume
tampon	(o) tampão
panty liner	(o) penso higiénico
face mask	(a) máscara facial
sanitary towel	(a) penso higiénico
curling iron	(o) ferro para caracóis
antiwrinkle cream	(o) creme antirrugas
pedicure	(a) pedicure
manicure	(a) manicura

Men

razor	(a) máquina de barbear com lâmina
shaving foam	(a) espuma de barbear
shaver	(a) máquina de barbear elétrica
condom	(o) preservativo
shower gel	(o) gel de duche
nail clipper	(o) corta-unhas
aftershave	(o) aftershave
lubricant	(o) lubrificante
hair gel	(o) gel de cabelo
nail scissors	(a) tesoura para unhas
lip balm	(o) batom protetor
razor blade	(a) lâmina

Daily Use

toothbrush	(a) escova de dentes
toothpaste	(a) pasta de dentes
comb	(o) pente
tissue	(o) lenço
cream (pharmaceutical)	(o) creme
shampoo	(o) champô

brush (for cleaning)	(a) escova
body lotion	(o) loção corporal
face cream	(o) creme facial
sunscreen	(o) protetor solar
insect repellent	(o) repelente de insetos

Cosmetics

lipstick	(o) batom
mascara	(o) rímel
nail polish	verniz de unhas
foundation	(a) base
nail file	(a) lima de unhas
eye shadow	(a) sombra de olho
eyeliner	(o) delineador
eyebrow pencil	(o) lápis de preenchimento
facial toner	(o) tónico facial
nail varnish remover	(o) removedor de verniz
tweezers	(a) pinça
lip gloss	(o) brilho labial
concealer	(o) corretor
face powder	(o) pó compacto
powder puff	esponja para pó compacto

City

Shopping

bill	(a) conta
cash register	(a) caixa
basket	(o) cesto
market	(o) mercado
supermarket	(o) supermercado
pharmacy	(a) farmácia
furniture store	(a) loja de mobília
toy shop	(a) loja de brinquedos
shopping mall	(o) centro comercial
sports shop	(a) loja de artigos de desporto
fish market	(a) peixaria
fruit merchant	(a) frutaria
bookshop	(a) livraria
pet shop	(a) loja de animais
second-hand shop	(a) loja de usados
pedestrian area	(a) área de pedestres
square	(a) praça
shopping cart	(o) carrinho de compras
bar code	(o) código de barras
bargain	(a) pechincha
shopping basket	(o) cesto de compras
warranty	(a) garantia
bar code scanner	(o) leitor de código de barras

Buildings

house	(a) casa
apartment	(o) apartamento
skyscraper	(o) arranha-céu
hospital	(o) hospital
farm	(a) quinta
factory	(a) fábrica

kindergarten	(o) jardim de infância
school	(a) escola
university	(a) universidade
post office	(a) estação de correios
town hall	(a) câmara municipal
warehouse	(o) armazém
church	(a) igreja
mosque	(a) mesquita
temple	(o) templo
synagogue	(a) sinagoga
embassy	(a) embaixada
cathedral	(a) catedral
ruin	(a) ruína
castle	(o) castelo

Leisure

bar	(o) bar
restaurant	(o) restaurante
gym	(o) ginásio
park	(o) parque
bench	(o) banco
fountain	(a) fonte
tennis court	(o) campo de ténis
swimming pool (building)	(a) piscina
football stadium	(o) estádio de futebol
golf course	(o) campo de golfe
ski resort	(a) região de esqui
botanic garden	(o) jardim botânico
ice rink	(a) pista de gelo
night club	(a) discoteca

Tourism

museum	(o) museu
casino	(o) casino

tourist information	(a) informação turística
toilet (public)	(a) casa de banho
map	(o) mapa
souvenir	(a) lembrança
promenade	(a) esplanada
tourist attraction	(a) atração turística
tourist guide	(o) guia turístico
monument	(o) monumento
national park	(o) parque nacional
art gallery	(a) galeria de arte

Infrastructure

alley	(o) beco
manhole cover	(a) tampa de esgoto
dam	(a) barragem
power line	(a) linha elétrica
sewage plant	(a) estação de tratamento de águas residuais
avenue	(a) avenida
hydroelectric power station	(a) central hidroelétrica
nuclear power plant	(a) central nuclear
wind farm	(o) parque eólico

Construction

hammer	(o) martelo
nail	(o) prego
pincers	(a) tenaz
screwdriver	(a) chave de fendas
drilling machine	(o) berbequim
tape measure	(a) fita métrica
brick	(o) tijolo
putty	(a) espátula
scaffolding	(o) andaime
spirit level	(o) nível de bolha
utility knife	(a) faca utilitária

screw wrench	(a) chave de parafusos
file	(a) lima
smoothing plane	(a) plaina
safety glasses	(os) óculos de segurança
wire	(o) arame
handsaw	(o) serrote
insulating tape	(a) fita isoladora
cement	(o) cimento
inking roller	(o) rolo de tinta
paint	(a) tinta
pallet	(a) palete
cement mixer	(a) betoneira
steel beam	(a) viga de aço
roof tile	(a) telha
wooden beam	(a) viga de madeira
concrete	(o) betão
asphalt	(o) asfalto
tar	(o) alcatrão
crane	(a) grua
steel	(o) aço
varnish	(o) verniz

Kids

slide	escorrega
swing	baloiço
playground	parque infantil
zoo	(o) jardim zoológico
roller coaster	montanha russa
water slide	escorrega aquático
sandbox	caixa de areia
fairground	feira popular
theme park	parque temático
water park	parque aquático
aquarium	aquário

Ambulance

ambulance	(a) ambulância
police	(a) polícia
firefighters	(os) bombeiros
helmet	(o) capacete
fire extinguisher	(o) extintor
fire (emergency)	(o) incêndio
emergency exit (in building)	(a) saída de emergência
handcuff	(as) algemas
gun	(a) arma
police station	(a) esquadra
hydrant	(a) boca-de-incêndio
fire alarm	(o) alarme de incêndio
fire station	(a) estação de bombeiros
fire truck	(o) camião dos bombeiros
siren	(a) sirene
warning light	(o) luz de aviso
police car	(o) carro da polícia
uniform	(o) uniforme
baton	(o) bastão

More

village	(a) aldeia
suburb	(o) subúrbio
state	(o) estado
colony	(a) colónia
region	(a) região
district	(o) distrito
territory	(o) território
province	(a) província
country	(o) país
capital	(a) capital

metropolis	(a) metrópole
central business district (CBD)	(a) zona comercial
industrial district	(a) zona industrial

Health

Hospital

patient	(o) paciente
visitor	(o) visitante
surgery	(a) cirurgia
waiting room	(a) sala de espera
outpatient	(o) ambulatório
clinic	(a) clínica
visiting hours	(o) horário de visita
intensive care unit	(a) unidade de cuidados intensivos
emergency room	(as) emergências
appointment	(a) marcação
operating theatre	(a) sala de operações
canteen	(o) refeitório

Medicine

pill	(o) comprimido
capsule	(a) cápsula
infusion	(a) infusão
inhaler	(o) inalador
nasal spray	(o) vaporizador nasal
painkiller	(o) analgésico
Chinese medicine	(a) medicina Chinesa
antibiotics	(o) antibiótico
antiseptic	(o) antissético
vitamin	(a) vitamina
powder	(o) pó
insulin	(a) insulina
side effect	(o) efeito secundário
cough syrup	(o) xarope para a tosse
dosage	(a) dose
expiry date	(a) data de validade
sleeping pill	(o) comprimido para dormir

aspirin	(a) aspirina

Disease

virus	(o) vírus
bacterium	(a) bactéria
flu	(a) gripe
diarrhea	(a) diarreia
heart attack	(o) ataque cardíaco
asthma	(a) asma
rash	(a) erupção cutânea
chickenpox	(a) varicela
nausea	(a) náusea
cancer	(o) cancro
stroke	(o) AVC
diabetes	(a) diabetes
epilepsy	(a) epilepsia
measles	(o) sarampo
mumps	(a) papeira
migraine	(a) enxaqueca

Discomfort

cough	(a) tosse
fever	(a) febre
headache	(a) dor de cabeça
stomach ache	(a) dor de estômago
sunburn	(a) queimadura de sol
cold (sickness)	(a) constipação
nosebleed	(o) sangramento nasal
cramp	(a) cãibra
eczema	(o) eczema
high blood pressure	(a) hipertensão
infection	(a) infeção
allergy	(a) alergia
hay fever	(a) rinite alérgica

sore throat	(a) dor de garganta
poisoning	(o) envenenamento
toothache	(a) dor de dentes
caries	(a) cárie
hemorrhoid	(a) hemorroide

Tools

needle	(a) agulha
syringe (tool)	(a) seringa
bandage	(a) ligadura
plaster	(o) emplastro
cast	(o) gesso
crutch	(a) muleta
wheelchair	(a) cadeira de rodas
fever thermometer	(o) termómetro
dental brace	(o) aparelho dentário
neck brace	(o) colar cervical
stethoscope	(o) estetoscópio
CT scanner	(o) tomógrafo
catheter	(o) cateter
scalpel	(o) bisturi
respiratory machine	(o) respirador
blood test	(o) teste sanguíneo
ultrasound machine	(o) aparelho ultrassónico
X-ray photograph	(o) raio X
dental prostheses	(a) prótese dental
dental filling	(a) obturação
spray	(o) vaporizador
magnetic resonance imaging	(a) ressonância magnética

Accident

injury	(a) lesão
accident	(o) acidente
wound	(a) ferida

pulse	(o) pulso
fracture	(a) fratura
bruise	(o) hematoma
burn	(a) queimadura
bite	(a) mordida
electric shock	(a) eletrocussão
suture	(a) sutura
concussion	(a) concussão
head injury	(a) lesão cerebral
emergency	(a) emergência

Departments

cardiology	(a) cardiologia
orthopaedics	(a) ortopedia
gynaecology	(a) ginecologia
radiology	(a) radiologia
dermatology	(a) dermatologia
paediatrics	(a) pediatria
psychiatry	(a) psiquiatria
surgery	(a) cirurgia
urology	(a) urologia
neurology	(a) neurologia
endocrinology	(a) endocrinologia
pathology	(a) patologia
oncology	(a) oncologia

Therapy

massage	(a) massagem
meditation	(a) meditação
acupuncture	(a) acupuntura
physiotherapy	(a) fisioterapia
hypnosis	(a) hipnose
homoeopathy	(a) homeopatia
aromatherapy	(a) aromaterapia

group therapy	(a) terapia de grupo
psychotherapy	(a) psicoterapia
feng shui	(o) feng shui
hydrotherapy	(a) hidroterapia
behaviour therapy	(a) terapia comportamental
psychoanalysis	(a) psicanálise
family therapy	(a) terapia familiar

Pregnancy

birth control pill	(a) pílula
pregnancy test	(o) teste de gravidez
foetus	(o) feto
embryo	(o) embrião
womb	(o) útero
delivery	(o) parto
miscarriage	(o) aborto espontâneo
cesarean	(a) cesariana
episiotomy	(a) episiotomia

Business

Company

office	(o) escritório
meeting room	(a) sala de reuniões
business card	(o) cartão de visita
employee	(o) empregado
employer	(o) empregador
colleague	(o) colega
staff	(os) funcionários
salary	(o) salário
insurance	(o) seguro
department	(o) departamento
sales	(o) vendas
marketing	(o) marketing
accounting	(a) contabilidade
legal department	(o) departamento jurídico
human resources	(os) recursos humanos
IT	(as) tecnologias de informação
stress	(o) stress
business dinner	(o) jantar de negócios
business trip	(a) viagem de negócios
tax	(o) imposto

Office

letter (post)	(a) carta
envelope	(o) envelope
stamp	(o) selo
address	(o) endereço
zip code	(o) código postal
parcel	(a) encomenda
fax	(o) fax
text message	(o) SMS
voice message	(a) mensagem de voz

bulletin board	(o) quadro de mensagens
flip chart	(o) cavalete
projector	(o) projetor
rubber stamp	(o) carimbo
clipboard	(a) prancheta
folder (physical)	(a) pasta
lecturer	(o) orador
presentation	(a) apresentação
note (information)	(a) nota

Jobs (1)

doctor	(o) médico
policeman	(o) polícia
firefighter	(o) bombeiro
nurse	(a) enfermeira
pilot	(o) piloto
stewardess	(a) assistente de bordo
architect	(o) arquiteto
manager	(o) executivo
secretary	(a) secretária
general manager	(o) gerente
director	(o) diretor
chairman	(o) diretor executivo
judge	(o) juiz
assistant	(o) assistente
prosecutor	(o) procurador
lawyer	(o) advogado
consultant	(o) consultor
accountant	(o) contabilista
stockbroker	(o) corretor
librarian	(o) bibliotecário
teacher	(o) professor
kindergarten teacher	(a) educadora de infância
scientist	(o) cientista

professor	(o) professor
physicist	(o) físico
programmer	(o) programador
politician	(o) político
intern	(o) estagiário
captain	(o) capitão
entrepreneur	(o) empresário
chemist	(o) químico
dentist	(o) dentista
chiropractor	(o) quiroprático
detective	(o) detetive
pharmacist	(o) farmacêutico
vet	(o) veterinário
midwife	(a) parteira
surgeon	(o) cirurgião
physician	(o) médico
prime minister	(o) primeiro-ministro
minister	(o) ministro
president (of a state)	(o) presidente

Jobs (2)

cook	(o) cozinheiro
waiter	(o) empregado de mesa
barkeeper	(o) barman
farmer	(o) agricultor
lorry driver	(o) camionista
train driver	(o) maquinista
hairdresser	(o) cabeleireiro
butcher	(o) talhante
travel agent	(o) agente de viagens
real-estate agent	(o) agente imobiliário
jeweller	(o) joalheiro
tailor	(o) alfaiate
cashier	(o) caixa

postman	(o) carteiro
receptionist	(o) rececionista
construction worker	(o) operário
carpenter	(o) carpinteiro
electrician	(o) eletricista
plumber	(o) canalizador
mechanic	(o) mecânico
cleaner	(o) empregado da limpeza
gardener	(o) jardineiro
fisherman	(o) pescador
florist	(o) florista
shop assistant	(o) assistente de loja
optician	(o) optometrista
soldier	(o) soldado
security guard	(o) segurança
bus driver	(o) motorista de autocarro
taxi driver	(o) taxista
conductor	(o) cobrador
apprentice	(o) aprendiz
landlord	(o) senhorio
bodyguard	(o) guarda-costas

Jobs (3)

priest	(o) padre
nun	(a) freira
monk	(o) monge
photographer	(o) fotógrafo
coach (sport)	(o) treinador
cheerleader	(o) líder de claque
referee	(o) árbitro
reporter	(o) repórter
actor	(o) ator
musician	(o) músico
conductor	(o) maestro

singer	(o) cantor
artist	(o) artista
designer	(o) designer
model	(o) modelo
DJ	(o) DJ
tour guide	(o) guia turístico
lifeguard	(o) nadador salvador
physiotherapist	(o) fisioterapeuta
masseur	(o) massagista
anchor	(o) apresentador das notícias
host	(o) apresentador
commentator	(o) comentador
camera operator	(o) operador de câmara
engineer	(o) engenheiro
thief	(o) ladrão
criminal	(o) criminoso
dancer	(o) dançarino
journalist	(o) jornalista
prostitute	(a) prostituta
author	(o) autor
air traffic controller	(o) controlador de tráfego aéreo
director	(o) realizador
mufti	(o) mufti
rabbi	(o) rabino

Technology

e-mail	(o) correio eletrónico
telephone	(o) telefone
smartphone	(o) smartphone
e-mail address	(o) endereço de correio eletrónico
website	(o) sítio eletrónico
telephone number	(o) número de telefone
file	(o) ficheiro
folder (computer)	(a) pasta

app	(a) app
laptop	(o) portátil
screen (computer)	(o) ecrã
printer	(a) impressora
scanner	(o) digitalizador
USB stick	(a) memória USB
hard drive	(o) disco rígido
central processing unit (CPU)	unidade de processamento central (CPU)
random access memory (RAM)	memória de acesso aleatório (RAM)
keyboard (computer)	(o) teclado
mouse (computer)	(o) rato
earphone	(o) auscultador
mobile phone	(o) telemóvel
webcam	(a) webcam
server	(o) servidor
network	(a) rede
browser	(o) navegador
inbox	(a) caixa do correio
url	(o) endereço
icon	(o) ícone
scrollbar	(a) barra de deslocamento
recycle bin	(a) reciclagem
chat	(a) conversação
social media	(a) rede social
signal (of phone)	(a) receção
database	(a) base de dados

Law

law	lei
fine	multa
prison	prisão
court	(o) tribunal
jury	(o) júri
witness	testemunha

defendant	réu
case	processo
evidence	prova
suspect	suspeito
fingerprint	impressão digital
paragraph	parágrafo

Bank

money	(o) dinheiro
coin	(a) moeda
note (money)	(a) nota
credit card	(o) cartão de crédito
cash machine	(a) caixa automático
signature	(a) assinatura
dollar	(o) dólar
euro	(o) euro
pound	(a) libra
bank account	(a) conta bancária
password	(a) palavra-passe
account number	(o) número de conta
amount	(o) montante
cheque	(o) cheque
customer	(o) cliente
savings	(a) poupança
loan	(o) empréstimo
interest	(os) juros
bank transfer	(a) transferência bancária
yuan	(o) yuan
yen	(o) iene
krone	(a) coroa
dividend	(o)·dividendo
share	(a) ação
share price	(o) preço da ação
stock exchange	(a) bolsa de valores

investment	(o) investimento
portfolio	(o) portefólio
profit	(o) lucro
loss	(a) perda

Things

Sport

basketball	(a) bola de basquete
football	(a) bola de futebol
goal	(o) golo
tennis racket	(a) raquete de ténis
tennis ball	(a) bola de ténis
net	(a) rede
cup (trophy)	(a) taça
medal	(a) medalha
swimming pool (competition)	(a) piscina
football	(a) bola de futebol americano
bat	(o) taco de basebol
mitt	(a) luva de basebol
gold medal	(a) medalha de ouro
silver medal	(a) medalha de prata
bronze medal	(a) medalha de bronze
shuttlecock	(o) volante
golf club	(o) taco de golfe
golf ball	(a) bola de golfe
stopwatch	(o) cronómetro
trampoline	(o) trampolim
boxing ring	(o) ringue de boxe
mouthguard	(o) protetor bucal
surfboard	(a) prancha de surfe
ski	(o) esqui
ski pole	(o) bastão de esqui
sledge	(o) trenó
parachute	(o) paraquedas
cue	(o) taco de bilhar
bowling ball	(a) bola de bowling
snooker table	(a) mesa de snooker
saddle	(a) sela

whip	(o) chicote
hockey stick	(o) taco de hóquei
basket	(o) cesto
world record	(o) recorde mundial
table tennis table	(a) mesa de ténis de mesa
puck	(o) disco

Technology

robot	(o) robô
radio	(o) rádio
loudspeaker	(o) altifalante
cable	(o) cabo
plug	(o) plugue
camera	(a) câmara
MP3 player	(o) leitor de MP3
CD player	(o) leitor de CD
DVD player	(o) leitor de DVD
record player	(o) gira-discos
camcorder	(a) câmara de vídeo
power	(a) eletricidade
flat screen	(o) ecrã plano
flash	(o) flash
tripod	(o) tripé
instant camera	(a) câmara instantânea
generator	(o) gerador
digital camera	(a) câmara digital
walkie-talkie	(o) walkie-talkie

Home

key	(a) chave
torch	(a) lanterna
candle	(a) vela
bottle	(a) garrafa
tin	(a) lata

116

vase	(o) vaso
present (gift)	(o) presente
match	(o) fósforo
lighter	(o) isqueiro
key chain	(o) porta-chaves
water bottle	(a) garrafa de água
thermos jug	(a) garrafa térmica
rubber band	(o) elástico de borracha
birthday party	(a) festa de aniversário
birthday cake	(o) bolo de aniversário
pushchair	(o) carrinho de bebé
soother	(a) chupeta
baby bottle	(o) biberão
hot-water bottle	(a) botija de água quente
rattle	(o) chocalho
family picture	(a) fotografia de família
jar	(o) jarro
bag	(o) saco
package	(o) pacote
plastic bag	(o) saco plástico
picture frame	(a) moldura

Games

doll	(a) boneca
dollhouse	(a) casa de bonecas
puzzle	(o) puzzle
dominoes	(o) dominó
Monopoly	(o) monopólio
Tetris	(o) Tetris
bridge	(o) bridge
darts	(os) dardos
card game	(o) jogo de cartas
board game	(o) jogo de tabuleiro
backgammon	(o) gamão

draughts	(as) damas

Others

cigarette	(o) cigarro
cigar	(o) charuto
compass	bússola
angel	anjo

Phrases

Personal

I	eu
you (singular)	tu
he	ele
she	ela
we	nós
you (plural)	vós
they	eles
my dog	(o) meu cão
your cat	(o) teu gato
her dress	(o) vestido dela
his car	(o) carro dele
our home	(a) nossa casa
your team	(a) vossa equipa
their company	(a) companhia deles
everybody	toda a gente
together	juntos
other	(o) outro

Common

and	e
or	ou
very	muito
all	tudo
none	nada
that	aquilo
this	isto
not	não
more	mais
most	(o) máximo
less	menos
because	porque

but	mas
already	já
again	outra vez
really	mesmo
if	se
although	no entanto
suddenly	subitamente
then	então
actually	na verdade
immediately	imediatamente
often	frequentemente
always	sempre
every	todas

Phrases

hi	Olá
hello	Olá
good day	Bom dia
bye bye	Tchau
good bye	Adeus
see you later	Até logo
please	por favor
thank you	Obrigado
sorry	Desculpa
no worries	Sem problema
don't worry	Não te preocupes
take care	Tem cuidado
ok	Ok
cheers	Saúde
welcome	Bem-vindo
excuse me	com licença
of course	Claro
I agree	Eu concordo
relax	Relaxa

doesn't matter	Não interessa
I want this	Eu quero isto
Come with me	Vem comigo
go straight	Segue em frente
turn left	Vira à esquerda
turn right	Vira à direita

Questions

who	Quem
where	Onde
what	O quê
why	Porquê
how	Como
which	Qual
when	Quando
how many?	Quantos?
how much?	Quanto é?
How much is this?	Quanto é ...?
Do you have a phone?	Tem telefone?
Where is the toilet?	Onde é a casa de banho?
What's your name?	Como te chamas?
Do you love me?	Gostas de mim?
How are you?	Como estás?
Are you ok?	Está tudo bem?
Can you help me?	Pode ajudar-me?

Sentences

I like you	Eu gosto de ti
I love you	Eu amo-te
I miss you	Tenho saudades tuas
I don't like this	Eu não gosto disto
I have a dog	Eu tenho um cão
I know	Eu sei
I don't know	Eu não sei

I don't understand	Não entendo
I want more	Eu quero mais
I want a cold coke	Eu quero uma cola fresca
I need this	Eu preciso disto
I want to go to the cinema	Eu quero ir ao cinema
I am looking forward to seeing you	Estou desejoso de te voltar a ver
Usually I don't eat fish	Normalmente eu não como peixe
You definitely have to come	Tens mesmo de vir
This is quite expensive	Isto é muito caro
Sorry, I'm a little late	Desculpa, estou um pouco atrasado
My name is David	O meu nome é David
I'm David, nice to meet you	Eu sou o David, prazer em conhecer-te
I'm 22 years old	Eu tenho 22 anos
This is my girlfriend Anna	Esta é a minha namorada Anna
Let's watch a film	Anda ver um filme
Let's go home	Vamos para casa
My telephone number is one four three two eight seven five four three	O meu número de telefone é um, quatro, três, dois, oito, sete, cinco, quatro, três
My email address is david at pinhok dot com	O meu endereço eletrónico é david arroba pinhok ponto com
Tomorrow is Saturday	Amanhã é sábado
Silver is cheaper than gold	A prata é mais barata do que o ouro
Gold is more expensive than silver	O ouro é mais caro do que a prata

English - Portuguese

A

above: acima
acacia: (a) acácia
accident: (o) acidente
accordion: (o) acordeão
accountant: (o) contabilista
accounting: (a) contabilidade
account number: (o) número de conta
Achilles tendon: (o) tendão de Aquiles
actinium: (o) actínio
actor: (o) ator
actually: na verdade
acupuncture: (a) acupuntura
addition: (a) adição
address: (o) endereço
adhesive tape: (a) fita-cola
advertisement: (o) anúncio
aerobics: (a) aeróbica
Afghanistan: Afeganistão
afternoon: (a) tarde
aftershave: (o) aftershave
again: outra vez
airbag: (o) airbag
air conditioner: (o) ar condicionado
aircraft carrier: porta-aviões
airline: (a) companhia aérea
air mattress: (o) colchão de ar
airport: (o) aeroporto
air pressure: (a) pressão atmosférica
air pump: (a) bomba de ar
air traffic controller: (o) controlador de tráfego aéreo
aisle: (o) corredor
alarm clock: (o) relógio despertador
Albania: Albânia
Algeria: Argélia
all: tudo
allergy: (a) alergia
alley: (o) beco
almond: (a) amêndoa
alphabet: (o) alfabeto
already: já
although: no entanto
aluminium: (o) alumínio
always: sempre
Amazon: (a) Amazónia
ambulance: (a) ambulância
American football: (o) futebol americano
American Samoa: Samoa Americana
americium: (o) amerício
amount: (o) montante
ampere: (o) ampere
anchor: (a) âncora , (o) apresentador das notícias
and: e
Andes: (os) Andes

Andorra: Andorra
angel: anjo
angle: (o) ângulo
Angola: Angola
angry: zangado
ankle: (o) tornozelo
anorak: (o) anoraque
answer: responder
ant: (a) formiga
ant-eater: (o) papa-formigas
antibiotics: (o) antibiótico
antifreeze fluid: (o) anticongelante
Antigua and Barbuda: Antígua e Barbuda
antimony: (o) antimónio
antiseptic: (o) antissético
antiwrinkle cream: (o) creme antirrugas
anus: (o) ânus
apartment: (o) apartamento
apostrophe: (o) apóstrofo
app: (a) app
appendix: (o) apêndice
apple: (a) maçã
apple juice: (o) sumo de maçã
apple pie: (a) tarte de maçã
appointment: (a) marcação
apprentice: (o) aprendiz
apricot: (o) alperce
April: abril
aquarium: aquário
Arabic: (o) Árabe
archery: (o) tiro com arco
architect: (o) arquiteto
area: (a) área
Are you ok?: Está tudo bem?
Argentina: Argentina
argon: (o) árgon
argue: discutir
arithmetic: (a) aritmética
arm: (o) braço
Armenia: Arménia
aromatherapy: (a) aromaterapia
arrival: (a) chegada
arsenic: (o) arsénio
art: (a) arte
artery: (a) artéria
art gallery: (a) galeria de arte
artichoke: (a) alcachofra
article: (o) artigo
artist: (o) artista
Aruba: Aruba
ash: (a) cinza
ask: perguntar
asphalt: (o) asfalto
aspirin: (a) aspirina
assistant: (o) assistente
astatine: (o) ástato
asteroid: (o) asteroide

asthma: (a) asma
Atlantic Ocean: (o) Oceano Atlântico
atmosphere: (a) atmosfera
atom: (o) átomo
atomic number: (o) número atómico
attack: atacar
attic: (o) sótão
aubergine: (a) beringela
audience: (a) audiência
August: agosto
aunt: (a) tia
aurora: (a) aurora
Australia: Austrália
Australian football: (o) futebol australiano
Austria: Áustria
author: (o) autor
automatic: (a) mudança automática
autumn: (o) outono
avenue: (a) avenida
avocado: (o) abacate
axe: (o) machado
Azerbaijan: Azerbaijão

B

baby: (o) bebé
baby bottle: (o) biberão
baby monitor: (o) intercomunicador para bebé
bachelor: (o) bacharelato
back: (as) costas , atrás
backgammon: (o) gamão
backpack: (a) mochila
back seat: (o) banco traseiro
bacon: (o) toucinho
bacterium: (a) bactéria
bad: mau
badminton: (o) badminton
bag: (o) saco
Bahrain: Barém
bake: assar
baked beans: (o) feijão cozido
baking powder: (o) fermento em pó
balcony: (a) varanda
bald head: (o) careca
ballet: (o) balé
ballet shoes: (as) sapatilhas de meia ponta
ball pen: (a) esferográfica
Ballroom dance: (a) dança de salão
bamboo: (o) bambu
banana: (a) banana
bandage: (a) ligadura
Bangladesh: Bangladeche
bank account: (a) conta bancária
bank transfer: (a) transferência bancária
bar: (o) bar
Barbados: Barbados
barbecue: (o) churrasco

barbell: (a) barra
bar code: (o) código de barras
bar code scanner: (o) leitor de código de barras
bargain: (a) pechincha
barium: (o) bário
barkeeper: (o) barman
barrette: (o) gancho de cabelo
baseball: (o) basebol
baseball cap: (o) chapéu de basebol
basement: (a) cave
basil: (o) manjericão
basin: (o) lavatório
basket: (o) cesto
basketball: (o) basquetebol , (a) bola de basquete
bass guitar: (o) baixo
bassoon: (o) fagote
bat: (o) morcego , (o) taco de basebol
bathrobe: (o) roupão de banho
bathroom: (a) casa de banho
bathroom slippers: (os) chinelos de banho
bath towel: (a) toalha de banho
bathtub: (a) banheira
baton: (o) bastão
battery: (a) bateria
beach: (a) praia
beach volleyball: (o) voleibol de praia
bean: (o) feijão
bear: (o) urso
beard: (a) barba
beautiful: belo
because: porque
bed: (a) cama
bedroom: (o) quarto
bedside lamp: (o) candeeiro
bee: (a) abelha
beech: (a) faia
beef: (a) carne de vaca
beer: (a) cerveja
behaviour therapy: (a) terapia comportamental
beige: bege
Beijing duck: (o) pato de Pequim
Belarus: Bielorrússia
Belgium: Bélgica
Belize: Belize
bell: (a) campainha
belly: (a) barriga
belly button: (o) umbigo
below: abaixo
belt: (o) cinto
bench: (o) banco
bench press: (o) supino
Benin: Benim
berkelium: (o) berquélio
beryllium: (o) berílio
beside: ao lado
bet: apostar
Bhutan: Butão

biathlon: (o) biatlo
bib: (o) babete
bicycle: (a) bicicleta
big: grande
big brother: (o) irmão mais velho
big sister: (a) irmã mais velha
bikini: (o) biquíni
bill: (a) conta
billiards: (o) bilhar
biology: (a) biologia
birch: (a) bétula
birth: (o) nascimento
birth certificate: (a) certidão de nascimento
birth control pill: (a) pílula
birthday: (o) aniversário
birthday cake: (o) bolo de aniversário
birthday party: (a) festa de aniversário
biscuit: (o) biscoito
bismuth: (o) bismuto
bison: (o) bisonte
bite: morder , (a) mordida
black: preto
blackberry: (a) amora
blackboard: (o) quadro
black hole: (o) buraco negro
Black Sea: (o) Mar Negro
black tea: (o) chá preto
bladder: (a) bexiga
blanket: (o) cobertor
blazer: (o) blazer
blind: cego , (a) persiana
blond: loiro
blood test: (o) teste sanguíneo
bloody: sangrento
blossom: florescer
blue: azul
blueberry: (o) mirtilo
blues: (o) blues
board game: (o) jogo de tabuleiro
bobsleigh: (o) bobsleigh
bodybuilding: (o) culturismo
bodyguard: (o) guarda-costas
body lotion: (o) loção corporal
bohrium: (o) bóhrio
boil: ferver
boiled: cozido
boiled egg: (o) ovo cozido
Bolivia: Bolívia
bone: (o) osso
bone marrow: (a) medula óssea
bonnet: (o) capô
book: (o) livro
booking: (a) reserva
bookshelf: (a) estante
bookshop: (a) livraria
boring: aborrecido
boron: (o) boro

Bosnia: Bósnia
bosom: (o) seio
botanic garden: (o) jardim botânico
Botswana: Botsuana
bottle: (a) garrafa
bottom: (as) nádegas
bowl: (a) tigela
bowling: (o) bowling
bowling ball: (a) bola de bowling
bow tie: (o) laço
boxing: (o) boxe
boxing glove: (a) luva de boxe
boxing ring: (o) ringue de boxe
boy: (o) rapaz
boyfriend: (o) namorado
bra: (o) sutiã
bracelet: (a) bracelete
brain: (o) cérebro
brake: (o) travão
brake light: (a) luz de freio
branch: (o) ramo
brandy: (o) brandy
brave: corajoso
Brazil: Brasil
bread: (o) pão
breakdance: (o) breakdance
breakfast: (o) pequeno-almoço
breastbone: (o) esterno
breathe: respirar
brick: (o) tijolo
bride: (a) noiva
bridge: ponte de comando , (o) bridge
briefcase: (a) pasta
broad: largo
broccoli: (os) brócolos
bromine: (o) bromo
bronze medal: (a) medalha de bronze
brooch: (o) alfinete de peito
broom: (a) vassoura
brother-in-law: (o) cunhado
brown: castanho
brownie: (o) brownie
browser: (o) navegador
bruise: (o) hematoma
Brunei: Brunei
brunette: moreno
brush: (o) pincel , (a) escova
Brussels sprouts: (a) couve de Bruxelas
bucket: (o) balde
buffalo: (o) búfalo
buffet: (o) bufê
bug: (o) besouro
Bulgaria: Bulgária
bull: (o) touro
bulletin board: (o) quadro de mensagens
bumblebee: (o) zangão
bumper: (o) para-choques

bungee jumping: (o) bungee jumping
bunk bed: (o) beliche
burger: (o) hambúrguer
Burkina Faso: Burquina Faso
Burma: Birmânia
burn: queimar , (a) queimadura
Burundi: Burundi
bus: (o) autocarro
bus driver: (o) motorista de autocarro
bush: (o) arbusto
business card: (o) cartão de visita
business class: (a) classe executiva
business dinner: (o) jantar de negócios
business school: (a) escola de negócios
business trip: (a) viagem de negócios
bus stop: (a) paragem de autocarro
busy: ocupado
but: mas
butcher: (o) talhante
butter: (a) manteiga
buttercup: (o) ranúnculo
butterfly: (a) borboleta
buttermilk: (o) leitelho
button: (o) botão
buy: comprar
bye bye: Tchau

C

cabbage: (o) repolho
cabin: cabina
cable: (o) cabo
cable car: (o) teleférico
cactus: (o) cacto
cadmium: (o) cádmio
caesium: (o) césio
cake: (o) bolo
calcite: (a) calcite
calcium: (o) cálcio
calculate: calcular
calendar: (o) calendário
californium: (o) califórnio
call: telefonar
Cambodia: Camboja
camcorder: (a) câmara de vídeo
camel: (o) camelo
camera: (a) câmara
camera operator: (o) operador de câmara
Cameroon: Camarões
campfire: (a) fogueira
camping: (o) camping
camping site: (o) acampamento
Canada: Canadá
cancer: (o) cancro
candle: (a) vela
candy: (o) rebuçado
candy floss: (o) algodão doce

canoe: canoa
canoeing: (a) canoagem
canteen: (o) refeitório
canyon: (o) desfiladeiro
Can you help me?: Pode ajudar-me?
Cape Verde: Cabo Verde
capital: (a) capital
cappuccino: (o) capuchino
capsule: (a) cápsula
captain: (o) capitão
car: (o) automóvel
caramel: (o) caramelo
caravan: (a) caravana
carbon: (o) carbono
carbon dioxide: (o) dióxido de carbono
carbon monoxide: (o) monóxido de carbono
card game: (o) jogo de cartas
cardigan: (o) casaco de malha
cardiology: (a) cardiologia
cargo aircraft: (o) avião de mercadorias
caricature: (a) caricatura
caries: (a) cárie
carousel: carrossel
car park: (o) parque de estacionamento
carpenter: (o) carpinteiro
carpet: (o) tapete
car racing: (o) automobilismo
carrot: (a) cenoura
carry: carregar
carry-on luggage: (a) bagagem de mão
cartilage: (a) cartilagem
cartoon: (a) animação
car wash: (a) lavagem de automóveis
case: processo
cashew: (o) caju
cashier: (o) caixa
cash machine: (a) caixa automático
cash register: (a) caixa
casino: (o) casino
cast: (o) elenco , (o) gesso
castle: (o) castelo
cat: (o) gato
catch: apanhar
caterpillar: (a) lagarta
cathedral: (a) catedral
catheter: (o) cateter
cauliflower: (a) couve-flor
cave: (a) caverna
Cayman Islands: Ilhas Caimão
CD player: (o) leitor de CD
ceiling: (o) teto
celebrate: celebrar
celery: (o) aipo
cello: (o) violoncelo
cement: (o) cimento
cement mixer: (a) betoneira
cemetery: (o) cemitério

centigrade: centígrados
centimeter: (o) centímetro
Central African Republic: República Centro-Africana
central business district (CBD): (a) zona comercial
central processing unit (CPU): unidade de processamento central (CPU)
century: (o) século
cereal: (os) cereais
cerium: (o) cério
cesarean: (a) cesariana
cha-cha: (o) chachachá
Chad: Chade
chain: (a) corrente
chainsaw: (a) motosserra
chair: (a) cadeira
chairman: (o) diretor executivo
chalk: (o) giz
chameleon: (o) camaleão
champagne: (o) champanhe
changing room: (o) vestiário
channel: (o) canal
character: (o) carater
chat: (a) conversação
cheap: barato
check-in desk: (o) balcão de check-in
cheek: (a) bochecha
cheerleader: (o) líder de claque
cheers: Saúde
cheese: (o) queijo
cheeseburger: (o) hambúrguer de queijo
cheesecake: (o) cheesecake
cheetah: (a) chita
chemical compound: (o) composto químico
chemical reaction: (a) reação química
chemical structure: (a) estrutura química
chemist: (o) químico
chemistry: (a) química
cheque: (o) cheque
cherry: (a) cereja
chess: (o) xadrez
chest: (o) peito
chewing gum: (a) pastilha elástica
chick: (o) pinto
chicken: (a) galinha , (a) carne de frango
chicken nugget: (o) nugget de frango
chickenpox: (a) varicela
chicken wings: (as) asas de frango
child: (a) criança
child seat: (o) assento para criança
Chile: Chile
chili: (a) pimenta
chimney: (a) chaminé
chin: (o) queixo
China: China
Chinese medicine: (a) medicina Chinesa
chips: (a) batata frita
chiropractor: (o) quiroprático
chive: (o) cebolinho

chlorine: (o) cloro
chocolate: (o) chocolate
chocolate cream: (o) chocolate de barrar
choose: escolher
chopping board: (a) tábua de cortar
chopstick: (o) pauzinho
Christmas: (o) Natal
chromium: (o) crómio
chubby: gorducho
church: (a) igreja
cider: (a) cidra
cigar: (o) charuto
cigarette: (o) cigarro
cinema: (o) cinema
cinnamon: (a) canela
circle: (o) círculo
circuit training: (o) treino em circuito
clarinet: (o) clarinete
classical music: (a) música clássica
classic car: (o) automóvel clássico
clay: (o) barro
clean: limpo , limpar
cleaner: (o) empregado da limpeza
clef: (a) clave de sol
clever: esperto
cliff: (o) penhasco
cliff diving: (o) salto de penhasco
climb: escalar
climbing: (a) escalada
clinic: (a) clínica
clipboard: (a) prancheta
clitoris: (o) clitóris
clock: (o) relógio
close: perto , fechar
cloud: (a) nuvem
cloudy: nublado
clover: (o) trevo
clutch: (a) embraiagem
coach: (o) treinador
coal: (o) carvão
coast: (a) costa
coat: (o) sobretudo
cobalt: (o) cobalto
cockerel: (o) galo
cockpit: (a) cabina do piloto
cocktail: (o) cocktail
coconut: (o) coco
coffee: (o) café
coffee machine: (a) máquina de café
coffee table: (a) mesa de café
coffin: (o) caixão
coin: (a) moeda
coke: (a) cola
cold: frio , (a) constipação
collar: (o) colarinho
collarbone: (a) clavícula
colleague: (o) colega

Colombia: Colômbia
colon: (o) cólon , (os) dois pontos
colony: (a) colónia
coloured pencil: (o) lápis de cor
comb: (o) pente
combine harvester: (a) ceifeira-debulhadora
come: vir
comedy: (a) comédia
comet: (o) cometa
Come with me: Vem comigo
comic book: (a) banda desenhada
comma: (a) vírgula
commentator: (o) comentador
Comoros: Comores
compass: bússola
concealer: (o) corretor
concert: (o) concerto
concrete: (o) betão
concrete mixer: (o) camião-betoneira
concussion: (a) concussão
condom: (o) preservativo
conductor: (o) cobrador , (o) maestro
cone: (o) cone
construction site: (a) local de construção
construction worker: (o) operário
consultant: (o) consultor
contact lens: (a) lente de contacto
container: contentor
container ship: navio cargueiro
content: (o) conteúdo
continent: (o) continente
control tower: (a) torre de controlo
cook: cozinhar , (o) cozinheiro
cooker: (o) fogão
cooker hood: (o) exaustor
cookie: (a) bolacha
Cook Islands: Ilhas Cook
cool: fixe
copernicium: (o) copernício
copper: (o) cobre
copy: copiar
coral reef: (o) recife de coral
coriander: (o) coentro
corkscrew: (o) saca-rolhas
corn: (o) milho
corn oil: (o) óleo de milho
corpse: (o) cadáver
correct: correto
corridor: (o) corredor
Costa Rica: Costa Rica
cotton: (o) algodão
cough: (a) tosse
cough syrup: (o) xarope para a tosse
count: contar
country: (o) país
courgette: (a) curgete
court: (o) tribunal

cousin: (o) primo , (a) prima
cow: (a) vaca
crab: (o) caranguejo
cramp: (a) cãibra
cranberry: (o) oxicoco
crane: (a) grua
crane truck: (o) camião-grua
crater: (a) cratera
crawl: gatinhar
crazy: louco
cream: (as) natas , (o) creme
credit card: (o) cartão de crédito
cricket: (o) grilo , (o) críquete
criminal: (o) criminoso
Croatia: Croácia
crocodile: (o) crocodilo
croissant: (o) croissant
cross-country skiing: (o) esqui de fundo
cross trainer: (o) elíptico
crosswords: (as) palavras cruzadas
crow: (o) corvo
crown: (a) coroa
cruise ship: cruzeiro
crutch: (a) muleta
cry: chorar
crêpe: (o) crepe
CT scanner: (o) tomógrafo
Cuba: Cuba
cube: (o) cubo
cubic meter: (o) metro cúbico
cucumber: (o) pepino
cuddly toy: (o) boneco de pelúcia
cue: (o) taco de bilhar
cup: (o) copo , (a) chávena , (a) taça
cupboard: (o) armário
curium: (o) cúrio
curling: (o) curling
curling iron: (o) ferro para caracóis
curly: encaracolado
currant: (a) groselha
curry: (o) caril
curtain: (a) cortina
curve: (a) curva
custard: (o) creme de leite
customer: (o) cliente
customs: (a) alfândega
cut: cortar
cute: fofo
cutlery: talheres
cycling: (o) ciclismo
cylinder: (o) cilindro
cymbals: (os) pratos
Cyprus: Chipre
Czech Republic: República Checa

D

dad: (o) papá
daffodil: (o) narciso
daisy: (a) margaridinha
dam: (a) barragem
dancer: (o) dançarino
dancing: (a) dança
dancing shoes: (os) sapatos de dança
dandelion: (o) dente-de-leão
dandruff: (as) caspas
dark: escuro
darmstadtium: (o) darmstácio
darts: (os) dardos
dashboard: (o) painel de instrumentos
database: (a) base de dados
date: (a) tâmara
daughter: (a) filha
daughter-in-law: (a) nora
day: (o) dia
deaf: surdo
death: (a) morte
decade: (a) década
December: dezembro
decimeter: (o) decímetro
deck: convés
deck chair: (a) espreguiçadeira
deep: profundo
deer: (o) veado
defend: defender
defendant: réu
degree: (a) graduação
deliver: entregar
delivery: (o) parto
Democratic Republic of the Congo: República Democrática do Congo
Denmark: Dinamarca
denominator: (o) denominador
dental brace: (o) aparelho dentário
dental filling: (a) obturação
dental prostheses: (a) prótese dental
dentist: (o) dentista
department: (o) departamento
departure: (a) partida
dermatology: (a) dermatologia
desert: (o) deserto
designer: (o) designer
desk: (a) secretária
dessert: (a) sobremesa
detective: (o) detetive
diabetes: (a) diabetes
diagonal: (a) diagonal
diamond: (o) diamante
diaper: (a) fralda
diaphragm: (o) diafragma
diarrhea: (a) diarreia
diary: (o) diário
dictionary: (o) dicionário
die: morrer
diesel: (o) gasóleo

difficult: difícil
dig: escavar
digital camera: (a) câmara digital
dill: (o) endro
dimple: (a) covinha
dim sum: (o) dim sum
dinner: (o) jantar
dinosaur: (o) dinossauro
diploma: (o) diploma
director: (o) diretor , (o) realizador
dirty: sujo
discus throw: (o) lançamento do disco
dishwasher: (a) máquina de lavar louça
district: (o) distrito
dividend: (o) dividendo
diving: (o) salto ornamental , (o) mergulho
diving mask: (a) máscara de mergulho
division: (a) divisão
divorce: (o) divórcio
DJ: (o) DJ
Djibouti: Djibouti
doctor: (o) médico
doesn't matter: Não interessa
dog: (o) cão
doll: (a) boneca
dollar: (o) dólar
dollhouse: (a) casa de bonecas
dolphin: (o) golfinho
Dominica: Domínica
Dominican Republic: República Dominicana
dominoes: (o) dominó
don't worry: Não te preocupes
donkey: (o) burro
door: (a) porta
door handle: (a) maçaneta
dorm room: (o) dormitório
dosage: (a) dose
double bass: (o) contrabaixo
double room: (o) quarto de casal
doughnut: (o) dónute
Do you love me?: Gostas de mim?
dragonfly: (a) libelinha
draughts: (as) damas
drawer: (a) gaveta
drawing: (o) desenho
dreadlocks: (a) rasta
dream: sonhar
dress: (o) vestido
dress size: (o) tamanho
dried fruit: (o) fruto seco
drill: perfurar
drilling machine: (o) berbequim
drink: beber
drums: (a) bateria
drunk: bêbado
dry: seco , secar
dubnium: (o) dúbnio

duck: (o) pato
dumbbell: (o) haltere
dumpling: (o) dumpling
duodenum: (o) duodeno
DVD player: (o) leitor de DVD
dyed: pintado
dysprosium: (o) disprósio

E

e-mail: (o) correio eletrónico
e-mail address: (o) endereço de correio eletrónico
eagle: (a) águia
ear: (a) orelha
earn: ganhar
earphone: (o) auscultador
earplug: (o) protetor auricular
earring: (o) brinco
earth: (a) Terra
earth's core: (o) núcleo da Terra
earth's crust: (a) crosta terrestre
earthquake: (o) terramoto
east: (a) este
Easter: (a) Páscoa
East Timor: Timor-Leste
easy: fácil
eat: comer
economics: (a) economia
economy class: (a) classe económica
Ecuador: Equador
eczema: (o) eczema
egg: (o) ovo
egg white: (a) clara
Egypt: Egito
einsteinium: (o) einsténio
elbow: (o) cotovelo
electric guitar: (a) guitarra elétrica
electrician: (o) eletricista
electric iron: (o) ferro de engomar
electric shock: (a) eletrocussão
electron: (o) eletrão
elephant: (o) elefante
elevator: (o) elevador
elk: (o) alce
ellipse: (a) elipse
El Salvador: El Salvador
embassy: (a) embaixada
embryo: (o) embrião
emergency: (a) emergência
emergency exit: (a) saída de emergência
emergency room: (as) emergências
employee: (o) empregado
employer: (o) empregador
empty: vazio
endocrinology: (a) endocrinologia
energy drink: (a) bebida energética
engagement: (o) noivado

engagement ring: (o) anel de noivado
engine: (a) turbina
engineer: (o) engenheiro
engine room: casa das máquinas
English: (o) Inglês
enjoy: desfrutar
entrepreneur: (o) empresário
envelope: (o) envelope
epilepsy: (a) epilepsia
episiotomy: (a) episiotomia
equation: (a) equação
equator: (o) equador
Equatorial Guinea: Guiné Equatorial
erbium: (o) érbio
Eritrea: Eritreia
espresso: (o) expresso
essay: (a) composição
Estonia: Estónia
Ethiopia: Etiópia
eucalyptus: (o) eucalipto
euro: (o) euro
europium: (o) európio
evening: (a) tardinha
evening dress: (o) vestido de noite
every: todas
everybody: toda a gente
evidence: prova
evil: malvado
exam: (o) exame
excavator: (a) escavadora
exclamation mark: (o) ponto de exclamação
excuse me: com licença
exercise bike: (a) bicicleta de exercício
exhaust pipe: (o) tubo de escape
expensive: caro
expiry date: (a) data de validade
eye: (o) olho
eyebrow: (a) sobrancelha
eyebrow pencil: (o) lápis de preenchimento
eyelashes: (as) pestanas
eyeliner: (o) delineador
eye shadow: (a) sombra de olho

F

fabric: (o) tecido
face cream: (o) creme facial
face mask: (a) máscara facial
face powder: (o) pó compacto
facial toner: (o) tónico facial
factory: (a) fábrica
Fahrenheit: Fahrenheit
fail: falhar
faint: desmaiar
fair: justo
fairground: feira popular
falcon: (o) falcão

Falkland Islands: Ilhas Malvinas
fall: cair
family picture: (a) fotografia de família
family therapy: (a) terapia familiar
fan: (a) ventoinha
far: longe
fare: (a) tarifa
farm: (a) quinta
farmer: (o) agricultor
Faroe Islands: Ilhas Féroe
father: (o) pai
father-in-law: (o) sogro
fat meat: (a) carne gorda
fax: (o) fax
February: fevereiro
feed: alimentar
fence: (a) cerca
fencing: (a) esgrima
feng shui: (o) feng shui
fennel: (o) funcho
fermium: (o) férmio
fern: (o) feto
ferry: (a) balsa
feta: (o) feta
fever: (a) febre
fever thermometer: (o) termómetro
few: poucos
fiancé: (o) noivo
fiancée: (o) noiva
field hockey: (o) hóquei em campo
fifth floor: (o) quinto andar
fig: (o) figo
fight: lutar
figure skating: (a) patinagem artística
Fiji: Fiji
file: (a) lima , (o) ficheiro
filter: (o) filtro
fin: (a) barbatana
find: encontrar
fine: multa
finger: (o) dedo
fingernail: (a) unha
fingerprint: impressão digital
Finland: Finlândia
fire: (o) fogo , (o) incêndio
fire alarm: (o) alarme de incêndio
fire extinguisher: (o) extintor
firefighter: (o) bombeiro
firefighters: (os) bombeiros
fire station: (a) estação de bombeiros
fire truck: (o) camião dos bombeiros
first: (o) primeiro
first basement floor: (o) primeiro subsolo
first class: (a) primeira classe
first floor: (o) primeiro andar
fish: (o) peixe , pescar
fish and chips: (o) peixe e fritas

fishbone: (a) espinha
fisherman: (o) pescador
fishing boat: barco de pesca
fish market: (a) peixaria
fist: (o) punho
fix: consertar
flamingo: (o) flamingo
flash: (o) flash
flat: plano
flat screen: (o) ecrã plano
flerovium: (o) fleróvio
flip-flops: (os) chinelos de praia
flip chart: (o) cavalete
flood: (a) inundação
floor: (o) chão
florist: (o) florista
flour: (a) farinha
flower: (a) flor
flower bed: (o) canteiro de flores
flower pot: (o) vaso
flu: (a) gripe
fluid: (o) líquido
fluorine: (o) flúor
flute: (a) flauta transversal
fly: (a) mosca , voar
flyer: (o) panfleto
foetus: (o) feto
fog: (o) nevoeiro
foggy: nebuloso
folder: (a) pasta
folk music: (a) música folclórica
follow: seguir
foot: (o) pé
football: (o) futebol , (a) bola de futebol , (a) bola de futebol americano
football boots: (as) chuteiras
football stadium: (o) estádio de futebol
force: (a) força
forehead: (a) testa
forest: (a) floresta
fork: (o) garfo
forklift truck: (a) empilhadora
Formula 1: (a) formula 1
foundation: (a) base
fountain: (a) fonte
fourth: (o) quarto
fox: (a) raposa
fraction: (a) fração
fracture: (a) fratura
France: França
francium: (o) frâncio
freckles: (as) sardas
freestyle skiing: (o) esqui de estilo livre
freezer: (o) congelador
freight train: (o) comboio de mercadorias
French: (o) Francês
French fries: (a) batata frita
French horn: (a) trompa

French Polynesia: Polinésia Francesa
Friday: (a) sexta-feira
fridge: (o) frigorífico
fried noodles: (os) noodles fritos
fried rice: (o) arroz frito
fried sausage: (a) salsicha frita
friend: (o) amigo
friendly: amigável
frog: (a) rã
front: (a) frente
front door: (a) porta de entrada
front light: (o) farol dianteiro
front seat: (o) banco dianteiro
fruit gum: (a) goma
fruit merchant: (a) frutaria
fruit salad: (a) salada de fruta
fry: fritar
full: satisfeito , cheio
full stop: (o) ponto final
funeral: (o) funeral
funnel: (o) funil
funny: engraçado
furniture store: (a) loja de mobília

G

Gabon: Gabão
gadolinium: (o) gadolínio
gain weight: engordar
galaxy: (a) galáxia
gall bladder: (a) vesícula biliar
gallium: (o) gálio
gamble: apostar
game: (a) carne de veado
garage: (a) garagem
garage door: (o) portão da garagem
garbage bin: (o) caixote do lixo
garden: (o) jardim
gardener: (o) jardineiro
garlic: (o) alho
gas: (o) gás
gear lever: (a) alavanca das mudanças
gear shift: (a) mudança manual
gecko: (o) geco
gender: (o) género
general manager: (o) gerente
generator: (o) gerador
generous: generoso
geography: (a) geografia
geometry: (a) geometria
Georgia: Geórgia
German: (o) Alemão
germanium: (o) germânio
Germany: Alemanha
geyser: (o) géiser
Ghana: Gana
Gibraltar: Gibraltar

gin: (o) gin
ginger: (o) gengibre , ruivo
giraffe: (a) girafa
girl: (a) rapariga
girlfriend: (a) namorada
give: dar
give a massage: massajar
glacier: (o) glaciar
gladiolus: (o) gladíolo
glass: (o) copo
glasses: (os) óculos
glider: (o) planador
glove: (a) luva
glue: (a) cola
gluten: (o) glúten
goal: (o) golo
goat: (a) cabra
gold: (o) ouro
Gold is more expensive than silver: O ouro é mais caro do que a prata
gold medal: (a) medalha de ouro
golf: (o) golfe
golf ball: (a) bola de golfe
golf club: (o) taco de golfe
golf course: (o) campo de golfe
good: bom
good bye: Adeus
good day: Bom dia
goose: (o) ganso
go straight: Segue em frente
goulash: (o) goulash
GPS: (o) GPS
graduation: (a) graduação
graduation ceremony: (a) cerimónia de graduação
gram: (o) grama
grandchild: (o) neto
granddaughter: (a) neta
grandfather: (o) avô
grandmother: (a) avó
grandson: (o) neto
granite: (o) granito
granulated sugar: (o) açúcar granulado
grape: (a) uva
grapefruit: (a) toranja
graphite: (a) grafite
grass: (a) relva
grasshopper: (o) gafanhoto
grater: (o) ralador
grave: (a) campa
gravity: (a) gravidade
Greece: Grécia
greedy: ganancioso
green: verde
greenhouse: (a) estufa
Greenland: Groenlândia
green tea: (o) chá verde
Grenada: Granada
grey: cinzento

groom: (o) noivo
ground floor: (o) rés-do-chão
group therapy: (a) terapia de grupo
grow: crescer
Guatemala: Guatemala
guest: (o) convidado
guilty: culpado
Guinea: Guiné
Guinea-Bissau: Guiné-Bissau
guinea pig: (o) porquinho-da-índia
guitar: (a) guitarra
gun: (a) arma
Guyana: Guiana
gym: (o) ginásio
gymnastics: (a) ginástica
gynaecology: (a) ginecologia

H

hafnium: (o) háfnio
hair: (o) cabelo
hairdresser: (o) cabeleireiro
hairdryer: (o) secador de cabelo
hair gel: (o) gel de cabelo
hair straightener: (o) alisador de cabelo
Haiti: Haiti
half an hour: meia hora
Halloween: (a) Noite das Bruxas
ham: (o) presunto
hamburger: (o) hambúrguer
hammer: martelar , (o) martelo
hammer throw: (o) lançamento do martelo
hamster: (o) hamster
hand: (a) mão
handbag: (a) mala de mão
handball: (o) andebol
hand brake: (o) freio de mão
handcuff: (as) algemas
handsaw: (o) serrote
handsome: bonito
happy: feliz
harbour: porto
hard: duro
hard drive: (o) disco rígido
harmonica: (a) harmónica
harp: (a) harpa
hassium: (o) hássio
hat: (o) chapéu
hay fever: (a) rinite alérgica
hazelnut: (a) avelã
he: ele
head: (a) cabeça
headache: (a) dor de cabeça
heading: (o) cabeçalho
head injury: (a) lesão cerebral
healthy: saudável
heart: (o) coração

heart attack: (o) ataque cardíaco
heating: (o) aquecimento
heavy: pesado
heavy metal: (o) heavy metal
hedge: (a) sebe
hedgehog: (o) ouriço
heel: (o) calcanhar , (o) salto
height: (a) altura
heir: (o) herdeiro
helicopter: (o) helicóptero
helium: (o) hélio
hello: Olá
helmet: (o) capacete
help: ajudar
hemorrhoid: (a) hemorroide
her dress: (o) vestido dela
here: aqui
heritage: (a) herança
hexagon: (o) hexágono
hi: Olá
hide: esconder
high: alto
high-speed train: (o) comboio de alta velocidade
high blood pressure: (a) hipertensão
high heels: (os) sapatos de salto alto
high jump: (o) salto em altura
high school: (o) secundário
hiking: (a) caminhada
hiking boots: (as) botas de alpinismo
hill: (o) monte
Himalayas: (os) Himalaias
hippo: (o) hipopótamo
his car: (o) carro dele
history: (a) história
hit: bater
hockey stick: (o) taco de hóquei
hoe: (a) enxada
hole puncher: (o) furador
holmium: (o) hólmio
holy: santo
homework: (o) trabalho de casa
homoeopathy: (a) homeopatia
Honduras: Honduras
honey: (o) mel
honeymoon: (a) lua de mel
Hong Kong: Hong Kong
horn: (a) buzina
horror movie: (o) filme de terror
horse: (o) cavalo
hose: (a) mangueira
hospital: (o) hospital
host: (o) apresentador
hostel: (o) albergue
hot: picante , muito quente
hot-air balloon: (o) balão de ar quente
hot-water bottle: (a) botija de água quente
hot chocolate: (o) chocolate quente

hot dog: (o) cachorro-quente
hotel: (o) hotel
hot pot: (o) hot pot
hour: (a) hora
house: (a) casa
houseplant: (a) planta de interior
how: Como
How are you?: Como estás?
how many?: Quantos?
how much?: Quanto é?
How much is this?: Quanto é ...?
huge: enorme
human resources: (os) recursos humanos
humidity: (a) humidade
Hungary: Hungria
hungry: esfomeado
hurdles: (a) corrida com barreiras
hurricane: (o) furacão
husband: (o) marido
hydrant: (a) boca-de-incêndio
hydroelectric power station: (a) central hidroelétrica
hydrogen: (o) hidrogénio
hydrotherapy: (a) hidroterapia
hyphen: (o) hífen
hypnosis: (a) hipnose

I

I: eu
I agree: Eu concordo
ice: (o) gelo
ice climbing: (a) escalada no gelo
ice cream: (o) gelado
iced coffee: (o) café gelado
ice hockey: (o) hóquei no gelo
Iceland: Islândia
ice rink: (a) pista de gelo
ice skating: (a) patinagem no gelo
icing sugar: (o) açúcar em pó
icon: (o) ícone
I don't know: Eu não sei
I don't like this: Eu não gosto disto
I don't understand: Não entendo
if: se
I have a dog: Eu tenho um cão
I know: Eu sei
I like you: Eu gosto de ti
I love you: Eu amo-te
I miss you: Tenho saudades tuas
immediately: imediatamente
inbox: (a) caixa do correio
inch: (a) polegada
index finger: (o) dedo indicador
India: Índia
Indian Ocean: (o) Oceano Índico
indium: (o) índio
Indonesia: Indonésia

industrial district: (a) zona industrial
I need this: Eu preciso disto
infant: (o) recém-nascido
infection: (a) infeção
infusion: (a) infusão
inhaler: (o) inalador
injure: magoar
injury: (a) lesão
ink: (a) tinta
inking roller: (o) rolo de tinta
insect repellent: (o) repelente de insetos
inside: dentro
instant camera: (a) câmara instantânea
instant noodles: (os) noodles instantâneos
insulating tape: (a) fita isoladora
insulin: (a) insulina
insurance: (o) seguro
intensive care unit: (a) unidade de cuidados intensivos
interest: (os) juros
intern: (o) estagiário
intersection: (o) cruzamento
intestine: (o) intestino
investment: (o) investimento
iodine: (o) iodo
ion: (o) ião
Iran: Irão
Iraq: Iraque
Ireland: Irlanda
iridium: (o) Irídio
iris: (a) íris
iron: passar roupa , (o) ferro
ironing table: (a) tábua de engomar
island: (a) ilha
isotope: (o) isótopo
Israel: Israel
IT: (as) tecnologias de informação
Italy: Itália
Ivory Coast: Costa do Marfim
I want more: Eu quero mais
I want this: Eu quero isto

J

jack: (o) macaco
jacket: (o) casaco
jackfruit: (a) jaca
jade: (o) jade
jam: (a) compota
Jamaica: Jamaica
January: janeiro
Japan: Japão
Japanese: (o) Japonês
jar: (o) jarro
javelin throw: (o) lançamento do dardo
jawbone: (o) maxilar
jazz: (o) jazz
jeans: (as) calças de ganga

jellyfish: (a) medusa
jersey: (a) camisola
jet ski: (o) jet ski
jeweller: (o) joalheiro
jive: (o) jive
job: (o) trabalho
jogging bra: (o) soutien de desporto
joke: (a) anedota
Jordan: Jordânia
journalist: (o) jornalista
judge: (o) juiz
judo: (o) judo
juicy: suculento
July: julho
jump: saltar
June: junho
junior school: (a) escola do segundo ciclo
Jupiter: Júpiter
jury: (o) júri

K

kangaroo: (o) canguru
karate: (o) caraté
kart: (o) kartismo
Kazakhstan: Cazaquistão
kebab: (o) kebab
kennel: (a) casota
Kenya: Quénia
kettle: (a) chaleira
kettledrum: (o) timbale
key: (a) chave
keyboard: (o) teclado
key chain: (o) porta-chaves
keyhole: (o) buraco da fechadura
kick: dar um pontapé
kidney: (o) rim
kill: matar
killer whale: (a) orca
kilogram: (o) quilograma
kindergarten: (o) jardim de infância
kindergarten teacher: (a) educadora de infância
Kiribati: Kiribati
kiss: beijar , (o) beijo
kitchen: (a) cozinha
kiwi: (o) quivi
knee: (o) joelho
kneecap: (a) rótula
knife: (a) faca
knit cap: (o) gorro
know: saber
koala: (o) coala
Kosovo: Kosovo
krone: (a) coroa
krypton: (o) crípton
Kuwait: Kuwait
Kyrgyzstan: Quirguistão

L

laboratory: (o) laboratório
lace: (o) atacador
lacrosse: (o) lacrosse
ladder: (a) escada
ladle: (a) concha
ladybird: (a) joaninha
lake: (o) lago
lamb: (a) carne de cordeiro
lamp: (o) candeeiro
landlord: (o) senhorio
lanthanum: (o) lantânio
Laos: Laos
laptop: (o) portátil
larch: (o) lariço
lasagne: (a) lasanha
last month: (o) mês passado
last week: (a) semana passada
last year: (o) ano passado
Latin: (o) Latim
Latin dance: (a) dança latina
latitude: (a) latitude
Latvia: Letónia
laugh: rir
laundry: (a) roupa suja
laundry basket: (o) cesto de roupa
lava: (a) lava
law: lei
lawn mower: (o) corta-relva
lawrencium: (o) laurêncio
lawyer: (o) advogado
lazy: preguiçoso
lead: (o) chumbo
leaf: (a) folha
leaflet: (o) folheto
lean meat: (a) carne magra
leather shoes: (os) sapatos de couro
Lebanon: Líbano
lecture: (a) palestra
lecturer: (o) orador
lecture theatre: (o) auditório
leek: (o) alho-porro
left: (a) esquerda
leg: (a) perna
legal department: (o) departamento jurídico
leggings: (as) perneiras
leg press: (a) pressão de pernas
lemon: (o) limão
lemonade: (a) limonada
lemongrass: (o) capim-limão
lemur: (o) lémure
leopard: (o) leopardo
Lesotho: Lesoto
less: menos
lesson: (a) lição
Let's go home: Vamos para casa

letter: (a) letra , (a) carta
lettuce: (a) alface
Liberia: Libéria
librarian: (o) bibliotecário
library: (a) biblioteca
Libya: Líbia
lie: deitar
Liechtenstein: Listenstaine
lifeboat: barco salva-vidas
life buoy: boia salva-vidas
lifeguard: (o) nadador salvador
life jacket: (o) colete salva-vidas
lift: levantar
light: leve , claro
light bulb: (a) lâmpada
lighter: (o) isqueiro
lighthouse: farol
lightning: (o) raio
light switch: (o) interruptor
like: gostar
lime: (a) lima
limestone: (a) pedra calcária
limousine: (a) limusina
lingerie: (a) lingerie
lion: (o) leão
lip: (o) lábio
lip balm: (o) batom protetor
lip gloss: (o) brilho labial
lipstick: (o) batom
liqueur: (o) licor
liquorice: (o) alcaçuz
listen: ouvir
liter: (o) litro
literature: (a) literatura
lithium: (o) lítio
Lithuania: Lituânia
little black dress: (o) pequeno vestido preto
little brother: (o) irmão mais novo
little finger: (o) dedo mindinho
little sister: (a) irmã mais nova
live: viver
liver: (o) fígado
livermorium: (o) livermório
living room: (a) sala de estar
lizard: (o) lagarto
llama: (a) lama
loan: (o) empréstimo
lobby: (o) salão de entrada
lobster: (a) lagosta
lock: trancar
locomotive: (a) locomotiva
lonely: só
long: comprido
longitude: (a) longitude
long jump: (o) salto em comprimento
look for: procurar
loppers: (a) tesoura de podar

lorry: (o) camião
lorry driver: (o) camionista
lose: perder
lose weight: emagrecer
loss: (a) perda
lotus root: (a) raiz de lótus
loud: barulhento
loudspeaker: (o) altifalante
love: amar , (o) amor
lovesickness: (a) saudade
low: baixo
lubricant: (o) lubrificante
luge: (o) luge
luggage: (a) bagagem
lunar eclipse: (o) eclipse lunar
lunch: (o) almoço
lung: (o) pulmão
lutetium: (o) lutécio
Luxembourg: Luxemburgo
lychee: (a) lechia
lyrics: (a) letra

M

Macao: Macau
Macedonia: Macedónia
Madagascar: Madagáscar
magazine: (a) revista
magma: (a) magma
magnesium: (o) magnésio
magnet: (o) íman
magnetic resonance imaging: (a) ressonância magnética
magpie: (a) pega
mailbox: (a) caixa de correio
Malawi: Maláui
Malaysia: Malásia
Maldives: Maldivas
Mali: Mali
Malta: Malta
man: (o) homem
manager: (o) executivo
Mandarin: (o) Mandarim
manganese: (o) manganês
mango: (a) manga
manhole cover: (a) tampa de esgoto
manicure: (a) manicura
mannequin: (o) manequim
many: muitos
map: (o) mapa
maple: (o) ácer
maple syrup: (o) xarope de ácer
marathon: (a) maratona
March: março
marjoram: (a) manjerona
market: (o) mercado
marketing: (o) marketing
marry: casar

Mars: Marte
marsh: (o) pântano
Marshall Islands: Ilhas Marshall
marshmallow: (o) marshmallow
martini: (o) martini
mascara: (o) rímel
mashed potatoes: (o) puré de batata
massage: (a) massagem
masseur: (o) massagista
mast: mastro
master: (o) mestrado
match: (o) fósforo
mathematics: (a) matemática
mattress: (o) colchão
Mauritania: Mauritânia
Mauritius: Maurícia
May: maio
mayonnaise: (a) maionese
measles: (o) sarampo
measure: medir
meat: (a) carne
meatball: (a) almôndega
mechanic: (o) mecânico
medal: (a) medalha
meditation: (a) meditação
Mediterranean Sea: (o) Mar Mediterrâneo
meerkat: (o) suricato
meet: encontrar
meeting room: (a) sala de reuniões
meitnerium: (o) meitnério
melody: (a) melodia
member: (o) membro
membership: (a) filiação
mendelevium: (o) mendelévio
menu: (o) menu
Mercury: Mercúrio
mercury: (o) mercúrio
metal: (o) metal
metalloid: (o) semimetal
meteorite: (o) meteorito
meter: (o) metro
methane: (o) metano
metropolis: (a) metrópole
Mexico: México
Micronesia: Micronésia
microscope: (o) microscópio
microwave: (o) micro-ondas
middle finger: (o) dedo do meio
midnight: (a) meia-noite
midwife: (a) parteira
migraine: (a) enxaqueca
mile: (a) milha
milk: (o) leite
milk powder: (o) leite em pó
milkshake: (o) batido de leite
milk tea: (o) chá com leite
Milky Way: (a) Via Láctea

millennium: (o) milénio
milliliter: (o) mililitro
millimeter: (o) milímetro
minced meat: (a) carne picada
minibar: (o) minibar
minibus: (o) mini-autocarro
minister: (o) ministro
mint: (a) menta
minute: (o) minuto
mirror: (o) espelho
miscarriage: (o) aborto espontâneo
mitt: (a) luva de basebol
mixer: (a) batedeira
mobile phone: (o) telemóvel
mocha: (o) moca
model: (o) modelo
modern pentathlon: (o) pentatlo moderno
Moldova: Moldávia
molecule: (a) molécula
molybdenum: (o) molibdénio
Monaco: Mónaco
Monday: (a) segunda-feira
money: (o) dinheiro
Mongolia: Mongólia
monk: (o) monge
monkey: (o) macaco
Monopoly: (o) monopólio
monorail: (o) monocarril
monsoon: (a) monção
Montenegro: Montenegro
month: (o) mês
Montserrat: Montserrat
monument: (o) monumento
moon: (a) lua
more: mais
morning: (a) manhã
Morocco: Marrocos
mosque: (a) mesquita
mosquito: (o) mosquito
most: (o) máximo
moth: (a) traça
mother: (a) mãe
mother-in-law: (a) sogra
motocross: (o) motocross
motor: (o) motor
motorcycle: (a) motocicleta
motorcycle racing: (o) motociclismo
motor scooter: (a) lambreta
motorway: (a) autoestrada
mountain: (a) montanha
mountain biking: (o) ciclismo de montanha
mountaineering: (o) alpinismo
mountain range: (a) cordilheira
mouse: (o) rato
mouth: (a) boca
mouthguard: (o) protetor bucal
Mozambique: Moçambique

mozzarella: (o) mozarela
MP3 player: (o) leitor de MP3
muesli: (o) muesli
muffin: (o) queque
mufti: (o) mufti
multiplication: (a) multiplicação
mum: (a) mamã
mumps: (a) papeira
muscle: (o) músculo
museum: (o) museu
mushroom: (o) cogumelo
musician: (o) músico
mustard: (a) mostarda
mute: mudo
my dog: (o) meu cão

N

nachos: (os) nachos
nail: (o) prego
nail clipper: (o) corta-unhas
nail file: (a) lima de unhas
nail polish: verniz de unhas
nail scissors: (a) tesoura para unhas
nail varnish remover: (o) removedor de verniz
Namibia: Namíbia
nape: (a) nuca
narrow: estreito
nasal bone: (o) osso nasal
nasal spray: (o) vaporizador nasal
national park: (o) parque nacional
Nauru: Nauru
nausea: (a) náusea
neck: (o) pescoço
neck brace: (o) colar cervical
necklace: (o) colar
nectar: (o) néctar
needle: (a) agulha
negligee: (o) négligé
neighbour: (o) vizinho
neodymium: (o) neodímio
neon: (o) néon
Nepal: Nepal
nephew: (o) sobrinho
Neptune: Neptuno
neptunium: (o) neptúnio
nerve: (o) nervo
net: (a) rede
Netherlands: Países Baixos
network: (a) rede
neurology: (a) neurologia
neutron: (o) neutrão
new: novo
New Caledonia: Nova Caledónia
news: (as) notícias
newsletter: (o) boletim informativo
newspaper: (o) jornal

New Year: (o) Ano Novo
New Zealand: Nova Zelândia
next month: (o) próximo mês
next week: (a) próxima semana
next year: (o) próximo ano
Nicaragua: Nicarágua
nickel: (o) níquel
niece: (a) sobrinha
Niger: Níger
Nigeria: Nigéria
night: (a) noite
night club: (a) discoteca
nightie: (a) camisa de noite
night table: (a) mesa de cabeceira
niobium: (o) nióbio
nipple: (o) mamilo
nitrogen: (o) nitrogénio
Niue: Niue
nobelium: (o) nobélio
non-metal: (o) não-metal
none: nada
noodle: (a) massa
noon: (o) meio-dia
Nordic combined: (o) combinado nórdico
north: (a) norte
northern hemisphere: (o) hemisfério norte
North Korea: Coreia do Norte
North Pole: (o) Polo Norte
Norway: Noruega
nose: (o) nariz
nosebleed: (o) sangramento nasal
nostril: (a) narina
not: não
note: (a) nota
notebook: (o) caderno
nougat: (o) nogado
novel: (o) romance
November: novembro
now: agora
no worries: Sem problema
nuclear power plant: (a) central nuclear
numerator: (o) numerador
nun: (a) freira
nurse: (a) enfermeira
nursery: (o) berçário , (a) creche
nut: (a) noz
nutmeg: (a) noz-moscada
nylon: (o) nylon

O

oak: (o) carvalho
oat: (a) aveia
oatmeal: (a) aveia
oboe: (o) oboé
ocean: (o) oceano
octagon: (o) octógono

October: outubro
octopus: (o) polvo
oesophagus: (o) esófago
of course: Claro
office: (o) escritório
often: frequentemente
oil: (o) óleo
oil paint: (a) tinta à óleo
oil pastel: (o) lápis de cera
ok: Ok
okra: (o) quiabo
old: velho
olive: (a) azeitona
olive oil: (o) azeite
Oman: Omã
oncology: (a) oncologia
one-way street: (a) via de sentido único
one o'clock in the morning: uma da manhã
onion: (a) cebola
onion ring: (o) anel de cebola
opal: (a) opala
open: abrir
opera: (a) ópera
operating theatre: (a) sala de operações
optician: (o) optometrista
or: ou
orange: laranja
orange juice: (o) sumo de laranja
orchestra: (a) orquestra
oregano: (o) orégão
organ: (o) órgão
origami: (o) origami
orphan: (o) órfão
orthopaedics: (a) ortopedia
osmium: (o) ósmio
ostrich: (a) avestruz
other: (o) outro
otter: (a) lontra
ounce: (a) onça
our home: (a) nossa casa
outpatient: (o) ambulatório
outside: fora
ovary: (o) ovário
oven: (o) forno
overpass: (o) viaduto
oviduct: (o) oviduto
ovum: (o) óvulo
owl: (a) coruja
oxygen: (o) oxigénio

P

Pacific Ocean: (o) Oceano Pacífico
package: (o) pacote
paediatrics: (a) pediatria
painkiller: (o) analgésico
paint: pintar , (a) tinta

painting: (a) pintura
Pakistan: Paquistão
Palau: Palau
pale: pálido
Palestine: Palestina
palette: (a) paleta
palladium: (o) paládio
pallet: (a) palete
palm: (a) palma
palm tree: (a) palmeira
pan: (a) panela
Panama: Panamá
pancake: (a) panqueca
pancreas: (o) pâncreas
panda: (o) panda
panties: (as) cuecas
pantyhose: (a) meia-calça
panty liner: (o) penso higiénico
papaya: (a) papaia
paperclip: (o) clipe de papel
paprika: (a) paprica
Papua New Guinea: Papua Nova Guiné
parachute: (o) paraquedas
parachuting: (o) paraquedismo
paragraph: parágrafo
Paraguay: Paraguai
parasol: (o) guarda-sol
parcel: (a) encomenda
parents: (os) pais
parents-in-law: (os) sogros
park: (o) parque
parking meter: (o) parquímetro
parmesan: (o) parmesão
parrot: (o) papagaio
passport: (o) passaporte
password: (a) palavra-passe
pathology: (a) patologia
patient: (o) paciente
pavement: (o) passeio
pay: pagar
pea: (a) ervilha
peach: (o) pêssego
peacock: (o) pavão
peanut: (o) amendoim
peanut butter: (a) manteiga de amendoim
peanut oil: (o) óleo de amendoim
pear: (a) pera
pearl necklace: (o) colar de pérolas
pedestrian area: (a) área de pedestres
pedestrian crossing: (a) passadeira
pedicure: (a) pedicure
peel: (a) casca
peg: (a) mola
pelican: (o) pelicano
pelvis: (a) pélvis
pen: (a) caneta
pencil: (o) lápis

pencil case: (o) estojo
pencil sharpener: (a) afia-lápis
penguin: (o) pinguim
peninsula: (a) península
penis: (o) pénis
pepper: (o) pimento , (a) pimenta
perfume: (o) perfume
periodic table: (a) tabela periódica
Peru: Peru
petal: (a) pétala
Petri dish: (a) placa de Petri
petrol: (a) gasolina
petrol station: (o) posto de combustível
pet shop: (a) loja de animais
pharmacist: (o) farmacêutico
pharmacy: (a) farmácia
PhD: (o) doutoramento
Philippines: Filipinas
philosophy: (a) filosofia
phoalbum: (o) álbum de fotografias
phosphorus: (o) fósforo
photographer: (o) fotógrafo
physical education: (a) educação física
physician: (o) médico
physicist: (o) físico
physics: (a) física
physiotherapist: (o) fisioterapeuta
physiotherapy: (a) fisioterapia
piano: (o) piano
picnic: (o) piquenique
picture: (a) fotografia
picture frame: (a) moldura
pie: (a) tarte
pier: cais
pig: (o) porco
pigeon: (o) pombo
piglet: (o) leitão
Pilates: (o) pilates
pill: (o) comprimido
pillow: (a) almofada
pilot: (o) piloto
pincers: (a) tenaz
pine: (o) pinheiro
pineapple: (o) ananás
pink: côr-de-rosa
pipette: (a) pipeta
pistachio: (o) pistache
pit: (o) caroço
pitchfork: (o) forcado
pizza: (a) piza
plane: (o) avião
planet: (o) planeta
plaster: (o) emplastro
plastic: (o) plástico
plastic bag: (o) saco plástico
plate: (o) prato
platform: (a) plataforma

platinum: (a) platina
play: jogar , (a) peça
playground: parque infantil
please: por favor
plug: (o) plugue
plum: (a) ameixa
plumber: (o) canalizador
plump: roliço
Pluto: Plutão
plutonium: (o) plutónio
pocket: (o) bolso
poisoning: (o) envenenamento
poker: (o) póquer
Poland: Polónia
polar bear: (o) urso polar
pole: (o) polo
pole vault: (o) salto com vara
police: (a) polícia
police car: (o) carro da polícia
policeman: (o) polícia
police station: (a) esquadra
politician: (o) político
politics: (a) politica
polo: (o) polo
polonium: (o) polónio
polo shirt: (o) polo
polyester: (o) poliéster
pond: (o) lago pequeno
ponytail: (o) rabo de cavalo
poor: pobre
pop: (o) pop
popcorn: (a) pipoca
pork: (a) carne de porco
porridge: (as) papas de aveia
portfolio: (o) portefólio
portrait: (o) retrato
Portugal: Portugal
postcard: (o) postal
postman: (o) carteiro
post office: (a) estação de correios
pot: (o) tacho
potasalad: (a) salada de batata
potassium: (o) potássio
potato: (a) batata
potawedges: (as) fatias de batata
pottery: (a) cerâmica
pound: (a) libra
powder: (o) pó
powder puff: esponja para pó compacto
power: (a) eletricidade
power line: (a) linha elétrica
power outlet: (a) tomada
practice: praticar
praseodymium: (o) praseodímio
pray: rezar
praying mantis: (o) louva-a-deus
preface: (o) prefácio

pregnancy test: (o) teste de gravidez
present: (o) presente
presentation: (a) apresentação
president: (o) presidente
press: pressionar
priest: (o) padre
primary school: (a) escola primária
prime minister: (o) primeiro-ministro
print: imprimir
printer: (a) impressora
prison: prisão
professor: (o) professor
profit: (o) lucro
programmer: (o) programador
projector: (o) projetor
promenade: (a) esplanada
promethium: (o) promécio
prosecutor: (o) procurador
prostate: (a) próstata
prostitute: (a) prostituta
protactinium: (o) protactínio
proton: (o) protão
proud: orgulhoso
province: (a) província
psychiatry: (a) psiquiatria
psychoanalysis: (a) psicanálise
psychotherapy: (a) psicoterapia
publisher: (a) editora
puck: (o) disco
pudding: (o) pudim
PuerRico: Porto Rico
pull: puxar
pulse: (o) pulso
pumpkin: (a) abóbora
punk: (o) punk
pupil: (a) pupila
purple: roxo
purse: (a) mala
push: empurrar
push-up: (a) flexão
pushchair: (o) carrinho de bebé
put: colocar
putty: (a) espátula
puzzle: (o) puzzle
pyjamas: (o) pijama
pyramid: (a) pirâmide

Q

Qatar: Catar
quarter of an hour: um quarto de hora
quartz: (o) quartzo
question mark: (o) ponto de interrogação
quick: rápido
quickstep: (o) quickstep
quiet: tranquilo
quote: citar

R

rabbi: (o) rabino
rabbit: (o) coelho
raccoon: (o) guaxinim
racing bicycle: (a) bicicleta de corrida
radar: radar
radiator: (o) radiador
radio: (o) rádio
radiology: (a) radiologia
radish: (o) rabanete
radium: (o) rádio
radius: (o) raio
radon: (o) rádon
rafting: (o) rafting
railtrack: (a) via ferroviária
rain: (a) chuva
rainbow: (o) arco-íris
raincoat: (a) gabardine
rainforest: (a) floresta tropical
rainy: chuvoso
raisin: (a) uva passa
rake: (o) ancinho
rally racing: (o) rali
Ramadan: (o) Ramadão
ramen: (o) ramen
random access memory (RAM): memória de acesso aleatório (RAM)
rap: (o) rap
rapeseed oil: (o) óleo de colza
rash: (a) erupção cutânea
raspberry: (a) framboesa
rat: (a) ratazana
rattle: (o) chocalho
raven: (o) corvo
raw: cru
razor: (a) máquina de barbear com lâmina
razor blade: (a) lâmina
read: ler
reading room: (a) sala de leitura
real-estate agent: (o) agente imobiliário
really: mesmo
rear light: (a) luz traseira
rear mirror: (o) retrovisor
rear trunk: (o) porta-bagagem
receptionist: (o) rececionista
record player: (o) gira-discos
rectangle: (o) retângulo
recycle bin: (a) reciclagem
red: vermelho
red panda: (o) panda vermelho
Red Sea: (o) Mar Vermelho
red wine: (o) vinho tinto
reed: (a) cana
referee: (o) árbitro
reggae: (o) reggae
region: (a) região
relax: Relaxa

remote control: (o) controlo remoto
reporter: (o) repórter
Republic of the Congo: República do Congo
rescue: resgatar
research: (a) pesquisa
reservation: (a) reserva
respiratory machine: (o) respirador
rest: descansar
restaurant: (o) restaurante
result: (o) resultado
retirement: (a) reforma
rhenium: (o) rénio
rhino: (o) rinoceronte
rhodium: (o) ródio
rhomboid: (o) romboide
rhombus: (o) losango
rhythmic gymnastics: (a) ginástica rítmica
rib: (a) costela
rice: (o) arroz
rice cooker: (a) panela de arroz
rich: rico
right: (a) direita
right angle: (o) ângulo reto
ring: (o) anel
ring finger: (o) dedo anelar
river: (o) rio
road: (a) estrada
road roller: (o) rolo de estrada
roast chicken: (o) frango assado
roast pork: (a) carne de porco assada
robot: (o) robô
rock: (o) rock , (a) rocha
rock 'n' roll: (o) rock and roll
rocket: (o) foguetão
rocking chair: (a) cadeira de balanço
roentgenium: (o) roentgénio
roll: rolar
roller coaster: montanha russa
roller skating: (a) patinagem sobre rodas
Romania: Roménia
roof: (o) telhado
roof tile: (a) telha
room key: (a) chave do quarto
room number: (o) número do quarto
room service: (o) serviço de quarto
root: (a) raiz
rose: (a) rosa
rosemary: (o) alecrim
round: redondo
roundabout: (a) rotunda
router: (o) router
row: (a) fila
rowing: (o) remo
rowing boat: barco a remos
rubber: (a) borracha
rubber band: (o) elástico de borracha
rubber boat: barco de borracha insuflável

rubber stamp: (o) carimbo
rubidium: (o) rubídio
ruby: (o) rubi
rugby: (o) râguebi
ruin: (a) ruína
ruler: (a) régua
rum: (o) rum
rumba: (a) rumba
run: correr
running: (a) corrida
runway: (a) pista
rush hour: (a) hora de ponta
Russia: Rússia
ruthenium: (o) ruténio
rutherfordium: (o) rutherfórdio
Rwanda: Ruanda

S

sad: triste
saddle: (a) sela
safe: seguro , (o) cofre
safety glasses: (os) óculos de segurança
Sahara: (o) Saara
sail: vela
sailing: (a) vela
sailing boat: barco à vela
Saint Kitts and Nevis: São Cristóvão e Neves
Saint Lucia: Santa Lúcia
Saint Vincent and the Grenadines: São Vicente e Granadinas
sake: (o) saqué
salad: (a) salada
salami: (o) salame
salary: (o) salário
sales: (o) vendas
salmon: (o) salmão
salsa: (a) salsa
salt: (o) sal
salty: salgado
samarium: (o) samário
samba: (o) samba
Samoa: Samoa
sand: (a) areia
sandals: (as) sandálias
sandbox: caixa de areia
sandwich: (a) sandes
sanitary towel: (a) penso higiénico
San Marino: São Marino
sapphire: (a) safira
sardine: (a) sardinha
satellite: (o) satélite
satellite dish: (a) antena parabólica
Saturday: (o) sábado
Saturn: Saturno
Saudi Arabia: Arábia Saudita
sauna: (a) sauna
sausage: (a) salsicha

savings: (a) poupança
saw: serrar , (a) serra
saxophone: (o) saxofone
scaffolding: (o) andaime
scale: (a) balança
scalpel: (o) bisturi
scan: digitalizar
scandium: (o) escândio
scanner: (o) digitalizador
scarf: (o) cachecol
scholarship: (a) bolsa de estudo
school: (a) escola
schoolbag: (a) mochila da escola
school bus: (o) autocarro escolar
school uniform: (o) uniforme escolar
schoolyard: (o) pátio da escola
science: (as) ciências naturais
science fiction: (a) ficção científica
scientist: (o) cientista
scissors: (a) tesoura
scorpion: (o) escorpião
scrambled eggs: (os) ovos mexidos
screen: (o) ecrã de cinema , (o) ecrã
screwdriver: (a) chave de fendas
screw wrench: (a) chave de parafusos
script: (o) guião
scrollbar: (a) barra de deslocamento
scrotum: (o) escroto
scrunchy: (o) elástico de cabelo
sculpting: (a) escultura
sea: (o) mar
seaborgium: (o) seabórgio
seafood: (o) marisco
seagull: (a) gaivota
sea horse: (o) cavalo-marinho
seal: (a) foca
sea lion: (o) leão-marinho
seat: (o) assento
seatbelt: (o) cinto de segurança
seaweed: (a) alga
second: (o) segundo
second-hand shop: (a) loja de usados
second basement floor: (o) segundo subsolo
secretary: (a) secretária
security camera: (a) câmara de segurança
security guard: (o) segurança
seed: (a) semente
see you later: Até logo
selenium: (o) selénio
sell: vender
semicolon: (o) ponto e vírgula
Senegal: Senegal
September: setembro
Serbia: Sérvia
server: (o) servidor
sewage plant: (a) estação de tratamento de águas residuais
sewing machine: (a) máquina de costura

sex: (o) sexo
sexy: sensual
Seychelles: Seicheles
shallow: raso
shampoo: (o) champô
share: partilhar , (a) ação
share price: (o) preço da ação
shark: (o) tubarão
shaver: (a) máquina de barbear elétrica
shaving foam: (a) espuma de barbear
she: ela
shed: (o) barracão
sheep: (a) ovelha
shelf: (a) prateleira
shell: (a) concha
shinpad: (a) caneleira
ship: (o) navio
shirt: (a) camisa
shiver: tremer
shock absorber: (o) amortecedor
shoe cabinet: (o) armário para calçado
shoot: disparar
shooting: (o) tiro
shop assistant: (o) assistente de loja
shopping basket: (o) cesto de compras
shopping cart: (o) carrinho de compras
shopping mall: (o) centro comercial
shore: (a) beira
short: curto , baixo
shorts: (os) calções
short track: (a) patinagem de velocidade em pista curta
shot put: (o) arremesso de peso
shoulder: (o) ombro
shoulder blade: (a) omoplata
shout: gritar
shovel: (a) pá
shower: (o) chuveiro
shower cap: (a) touca de banho
shower curtain: (a) cortina de chuveiro
shower gel: (o) gel de duche
show jumping: (os) saltos de hipismo
shrink: encolher
shuttlecock: (o) volante
shy: tímido
siblings: (os) irmãos
sick: doente
side dish: (o) acompanhamento
side door: (a) porta lateral
side effect: (o) efeito secundário
Sierra Leone: Serra Leoa
signal: (a) receção
signature: (a) assinatura
silent: silencioso
silicon: (o) silício
silk: (a) seda
silly: tonto
silver: (a) prata

silver medal: (a) medalha de prata
sing: cantar
Singapore: Singapura
singer: (o) cantor
single room: (o) quarto individual
sink: (a) pia
siren: (a) sirene
sister-in-law: (a) cunhada
sit: sentar
sit-ups: (a) flexão abdominal
skateboarding: (a) competição de skate
skates: (os) patins
skeleton: (o) skeleton , (o) esqueleto
skewer: (a) espetada
ski: (o) esqui
skiing: (o) esqui
ski jumping: (o) salto de esqui
skinny: magro
ski pole: (o) bastão de esqui
ski resort: (a) região de esqui
skirt: (a) saia
ski suit: (o) fato de esqui
skull: (o) crânio
skyscraper: (o) arranha-céu
sledge: (o) trenó
sleep: dormir
sleeping bag: (o) saco-cama
sleeping mask: (a) máscara de dormir
sleeping pill: (o) comprimido para dormir
sleeve: (a) manga
slide: escorrega
slim: delgado
slippers: (os) chinelos
slope: (a) encosta
Slovakia: Eslováquia
Slovenia: Eslovénia
slow: lento
small: pequeno
small intestine: (o) intestino delgado
smartphone: (o) smartphone
smell: cheirar
smile: sorrir
smoke: fumar
smoke detector: (o) detetor de fumo
smoothie: (o) batido de fruta
smoothing plane: (a) plaina
snack: (o) lanche
snail: (o) caracol
snake: (a) serpente
snare drum: (a) tarola
snooker: (o) snooker
snooker table: (a) mesa de snooker
snow: (a) neve
snowboarding: (o) snowboard
snowmobile: (a) moto de neve
soap: (o) sabão
sober: sóbrio

social media: (a) rede social
sock: (a) meia
soda: (a) água gasosa
sodium: (o) sódio
sofa: (o) sofá
soft: suave
soil: (o) solo
solar eclipse: (o) eclipse solar
solar panel: (o) painel solar
soldier: (o) soldado
sole: (a) sola
solid: (o) sólido
Solomon Islands: Ilhas Salomão
Somalia: Somália
son: (o) filho
son-in-law: (o) genro
soother: (a) chupeta
sore throat: (a) dor de garganta
sorry: Desculpa
soup: (a) sopa
sour: azedo
sour cream: (o) creme azedo
south: (a) sul
South Africa: África do Sul
southern hemisphere: (o) hemisfério sul
South Korea: Coreia do Sul
South Pole: (o) Polo Sul
South Sudan: Sudão do Sul
souvenir: (a) lembrança
soy: (a) soja
soy milk: (o) leite de soja
space: (o) espaço
space shuttle: (o) vaivém espacial
space station: (a) estação espacial
space suit: (o) fato espacial
spaghetti: (o) esparguete
Spain: Espanha
Spanish: (o) Espanhol
sparkling wine: (o) vinho espumante
speed limit: (o) limite de velocidade
speedometer: (o) velocímetro
speed skating: (a) patinagem de velocidade
sperm: (o) esperma
sphere: (a) esfera
spider: (a) aranha
spinach: (o) espinafre
spinal cord: (a) medula espinhal
spine: (a) coluna vertebral
spirit level: (o) nível de bolha
spit: cuspir
spleen: (o) baço
sponge: (a) esponja
spoon: (a) colher
sports ground: (o) campo desportivo
sports shop: (a) loja de artigos de desporto
spray: (o) vaporizador
spring: (a) primavera

spring onion: (o) cebolinho
spring roll: (o) rolinho primavera
sprint: (a) corrida de velocidade
square: angular , (o) quadrado , (a) praça
square meter: (o) metro quadrado
squat: (o) agachamento
squid: (a) lula
squirrel: (o) esquilo
Sri Lanka: Sri Lanka
staff: (os) funcionários
stage: (o) palco
stairs: (a) escada
stalk: (o) caule
stamp: (o) selo
stand: ficar de pé
stapler: (o) agrafador
star: (a) estrela
stare: fitar
starfish: (a) estrela-do-mar
starter: (a) entrada
state: (o) estado
steak: (o) bife
steal: roubar
steam train: (o) comboio a vapor
steel: (o) aço
steel beam: (a) viga de aço
steep: íngreme
steering wheel: (o) volante
stepdaughter: (a) enteada
stepfather: (o) padrasto
stepmother: (a) madrasta
stepson: (o) enteado
stethoscope: (o) estetoscópio
stewardess: (a) assistente de bordo
stockbroker: (o) corretor
stock exchange: (a) bolsa de valores
stocking: (a) meia
stomach: (o) estômago
stomach ache: (a) dor de estômago
stool: (o) tamborete
stopwatch: (o) cronómetro
stork: (a) cegonha
storm: (a) tempestade
straight: reto , liso
straight line: (a) linha reta
strange: estranho
strawberry: (o) morango
stream: (o) riacho
street food: (a) comida de rua
street light: (a) iluminação pública
stress: (o) stress
stretching: (o) alongamento
strict: rigoroso
stroke: (o) AVC
strong: forte
strontium: (o) estrôncio
study: estudar

stupid: estúpido
submarine: submarino
subtraction: (a) subtração
suburb: (o) subúrbio
subway: (o) metro
Sudan: Sudão
suddenly: subitamente
Sudoku: (o) sudoku
sugar: (o) açúcar
sugar beet: (a) beterraba sacarina
sugar cane: (a) cana-de-açúcar
sugar melon: (o) melão
suit: (o) fato
sulphur: (o) enxofre
summer: (o) verão
sun: (o) sol
sunburn: (a) queimadura de sol
Sunday: (o) domingo
sunflower: (o) girassol
sunflower oil: (o) óleo de girassol
sunglasses: (os) óculos escuros
sun hat: (o) chapéu de sol
sunny: ensolarado
sunscreen: (o) protetor solar
sunshine: (a) luz do sol
supermarket: (o) supermercado
surfboard: (a) prancha de surfe
surfing: (o) surf
surgeon: (o) cirurgião
surgery: (a) cirurgia
Suriname: Suriname
surprised: surpreendido
sushi: (o) sushi
suspect: suspeito
suture: (a) sutura
swallow: engolir
swan: (o) cisne
Swaziland: Suazilândia
sweatband: (a) fita para transpiração
sweater: (o) suéter
sweatpants: (as) calças de treino
Sweden: Suécia
sweet: doce
sweet potato: (a) batata doce
swim: nadar
swim cap: (a) touca de natação
swim goggles: (os) óculos de natação
swimming: (a) natação
swimming pool: (a) piscina
swimsuit: (o) fato de banho
swim trunks: (os) calções de banho
swing: baloiço
Switzerland: Suíça
symphony: (a) sinfonia
synagogue: (a) sinagoga
synchronized swimming: (a) natação sincronizada
Syria: Síria

syringe: (a) seringa
São Tomé and Príncipe: São Tomé e Príncipe

T

T-shirt: (a) t-shirt
table: (a) mesa
tablecloth: (a) toalha de mesa
table of contents: (o) índice
table tennis: (o) ténis de mesa
table tennis table: (a) mesa de ténis de mesa
taekwondo: (o) taekwondo
tailor: (o) alfaiate
Taiwan: Ilha Formosa
Tajikistan: Tajiquistão
take: tirar
take a shower: tomar banho
take care: Tem cuidado
talk: falar
tall: alto
tambourine: (o) tamborim
tampon: (o) tampão
tandem: (a) bicicleta tandem
tangent: (a) tangente
tango: (o) tango
tank: (o) tanque
tantalum: (o) tântalo
Tanzania: Tanzânia
tap: (a) torneira
tape measure: (a) fita métrica
tapir: (o) tapir
tap water: (a) água da torneira
tar: (o) alcatrão
tarantula: (a) tarântula
tattoo: (a) tatuagem
tax: (o) imposto
taxi: (o) táxi
taxi driver: (o) taxista
tea: (o) chá
teacher: (o) professor
teapot: (a) chaleira
technetium: (o) tecnécio
telephone: (o) telefone
telephone number: (o) número de telefone
telescope: (o) telescópio
tellurium: (o) telúrio
temperature: (a) temperatura
temple: (a) têmpora , (o) templo
tendon: (o) tendão
tennis: (o) ténis
tennis ball: (a) bola de ténis
tennis court: (o) campo de ténis
tennis racket: (a) raquete de ténis
tent: (a) tenda
tequila: (a) tequila
terbium: (o) térbio
term: (o) semestre

termite: (a) térmite
terrace: (o) terraço
territory: (o) território
testament: (o) testamento
testicle: (o) testículo
Tetris: (o) Tetris
text: (o) texto
textbook: (o) livro escolar
text message: (o) SMS
Thailand: Tailândia
thallium: (o) tálio
Thanksgiving: (o) Dia de Ação de Graças
thank you: Obrigado
that: aquilo
theatre: (o) teatro
The Bahamas: Bahamas
the day after tomorrow: depois de amanhã
the day before yesterday: anteontem
The Gambia: Gâmbia
their company: (a) companhia deles
theme park: parque temático
then: então
theory of relativity: (a) teoria da relatividade
there: ali
thermal underwear: (a) roupa interior térmica
thermos jug: (a) garrafa térmica
thesis: (a) tese
The United States of America: Estados Unidos da América
they: eles
thief: (o) ladrão
think: pensar
third: (o) terceiro
thirsty: sedento
this: isto
this month: (o) este mês
this week: (a) esta semana
this year: (o) este ano
thong: (a) tanga
thorium: (o) tório
threaten: ameaçar
three quarters of an hour: três quartos de hora
thriller: (o) suspense
throttle: (o) acelerador
throw: atirar
thulium: (o) túlio
thumb: (o) polegar
thunder: (o) trovão
thunderstorm: (a) trovoada
Thursday: (a) quinta-feira
thyme: (o) tomilho
ticket: (o) bilhete
ticket office: (a) bilheteira
ticket vending machine: (a) bilheteira automática
tidal wave: (o) tsunami
tie: (a) gravata
tiger: (o) tigre
tile: (o) azulejo

timetable: (o) horário
tin: (o) estanho , (a) lata
tip: (a) gorjeta
tired: cansado
tissue: (o) lenço
titanium: (o) titânio
toaster: (a) torradeira
tobacco: (o) tabaco
today: hoje
toe: (o) dedo do pé
tofu: (o) tofu
together: juntos
Togo: Togo
toilet: (a) retrete , (a) casa de banho
toilet brush: (a) escova de sanita
toilet paper: (o) papel higiénico
toll: (a) portagem
tomasauce: (o) molho de tomate
tomato: (o) tomate
tomorrow: amanhã
ton: (a) tonelada
Tonga: Tonga
tongue: (a) língua
tooth: (o) dente
toothache: (a) dor de dentes
toothbrush: (a) escova de dentes
toothpaste: (a) pasta de dentes
torch: (a) lanterna
tornado: (o) tornado
tortoise: (a) tartaruga
touch: tocar
tour guide: (o) guia turístico
tourist attraction: (a) atração turística
tourist guide: (o) guia turístico
tourist information: (a) informação turística
towel: (a) toalha
town hall: (a) câmara municipal
toy shop: (a) loja de brinquedos
track cycling: (o) ciclismo de pista
tracksuit: (o) fato de treino
tractor: (o) trator
traffic jam: (o) engarrafamento
traffic light: (o) semáforo
trailer: (o) atrelado
train: (o) comboio
train driver: (o) maquinista
trainers: (os) ténis
train station: (a) estação de comboios
tram: (o) elétrico
trampoline: (o) trampolim
trapezoid: (o) trapézio
travel: viajar
travel agent: (o) agente de viagens
treadmill: (a) esteira
tree: (a) árvore
tree house: (a) casa na árvore
triangle: (o) triângulo

triathlon: (o) triatlo
Trinidad and Tobago: Trindade e Tobago
triple jump: (o) triplo salto
triplets: (os) trigémeos
tripod: (o) tripé
trombone: (o) trombone
tropics: (os) trópicos
trousers: (as) calças
truffle: (a) trufa
trumpet: (o) trompete
trunk: (o) tronco
tuba: (a) tuba
Tuesday: (a) terça-feira
tulip: (a) tulipa
tuna: (o) atum
tungsten: (o) tungsténio
Tunisia: Tunísia
Turkey: Turquia
turkey: (o) peru , (a) carne de peru
Turkmenistan: Turquemenistão
turnip cabbage: (a) couve-rábano
turn left: Vira à esquerda
turn off: apagar
turn on: ligar
turn right: Vira à direita
turtle: (a) tartaruga
Tuvalu: Tuvalu
TV: (a) televisão
TV series: (a) série de televisão
TV set: (a) televisão
tweezers: (a) pinça
twins: (os) gémeos
twisting: tortuoso
two o'clock in the afternoon: duas da tarde
typhoon: (o) tufão
tyre: (o) pneu

U

Uganda: Uganda
ugly: feio
Ukraine: Ucrânia
ukulele: (o) ukulele
ultrasound machine: (o) aparelho ultrassónico
umbrella: (o) guarda-chuva
uncle: (o) tio
underpants: (os) boxers
underpass: (a) passagem subterrânea
underscore: (o) underscore
undershirt: (a) camisola interior
unfair: injusto
uniform: (o) uniforme
United Arab Emirates: Emirados Árabes Unidos
United Kingdom: Reino Unido
university: (a) universidade
uranium: (o) urânio
Uranus: Urano

url: (o) endereço
urn: (a) urna
urology: (a) urologia
Uruguay: Uruguai
USB stick: (a) memória USB
uterus: (o) útero
utility knife: (a) faca utilitária
Uzbekistan: Usbequistão

V

vacuum: aspirar
vacuum cleaner: (o) aspirador de pó
vagina: (a) vagina
valley: (o) vale
vanadium: (o) vanádio
vanilla: (a) baunilha
vanilla sugar: (o) açúcar de baunilha
Vanuatu: Vanuatu
varnish: (o) verniz
vase: (o) vaso
Vatican City: Cidade do Vaticano
veal: (a) vitela
vector: (o) vetor
vein: (a) veia
Venezuela: Venezuela
Venus: Vénus
vertebra: (a) vértebra
very: muito
vet: (o) veterinário
Viennese waltz: (a) valsa de Viena
Vietnam: Vietname
village: (a) aldeia
vinegar: (o) vinagre
viola: (a) viola
violin: (o) violino
virus: (o) vírus
visa: (o) visto
visiting hours: (o) horário de visita
visitor: (o) visitante
vitamin: (a) vitamina
vocational training: (a) formação vocacional
vodka: (a) vodca
voice message: (a) mensagem de voz
volcano: (o) vulcão
volleyball: (o) voleibol
volt: (o) volt
volume: (o) volume
vomit: vomitar
vote: votar

W

waffle: (o) gofre
waist: (a) cintura
wait: esperar
waiter: (o) empregado de mesa

waiting room: (a) sala de espera
walk: andar
walkie-talkie: (o) walkie-talkie
wall: (a) parede
wallet: (a) carteira
walnut: (a) noz
walrus: (a) morsa
waltz: (a) valsa
wardrobe: (o) guarda-roupa
warehouse: (o) armazém
warm: quente
warm-up: (o) aquecimento
warn: avisar
warning light: (o) luz de aviso
warranty: (a) garantia
wash: lavar
washing machine: (a) máquina de lavar roupa
washing powder: (o) detergente em pó
wasp: (a) vespa
watch: ver , (o) relógio de pulso
water: (a) água
water bottle: (a) garrafa de água
water can: (o) regador
waterfall: (a) cascata
water melon: (a) melancia
water park: parque aquático
water polo: (o) polo aquático
waterskiing: (o) esqui aquático
water slide: escorrega aquático
watt: (o) watt
we: nós
weak: fraco
webcam: (a) webcam
website: (o) sítio eletrónico
wedding: (o) casamento
wedding cake: (o) bolo de casamento
wedding dress: (o) vestido de casamento , (o) vestido de noiva
wedding ring: (a) aliança
Wednesday: (a) quarta-feira
weed: (a) erva daninha
week: (a) semana
weightlifting: (o) halterofilismo
welcome: Bem-vindo
well-behaved: bem-comportado
wellington boots: (as) galochas
west: (a) oeste
western film: (o) faroeste
wet: molhado
wetsuit: (o) fato de mergulho
whale: (a) baleia
what: O quê
What's your name?: Como te chamas?
wheat: (o) trigo
wheelbarrow: (o) carrinho de mão
wheelchair: (a) cadeira de rodas
when: Quando
where: Onde

Where is the toilet?: Onde é a casa de banho?
which: Qual
whip: (o) chicote
whipped cream: (o) creme chantilly
whiskey: (o) uísque
whisper: sussurrar
white: branco
white wine: (o) vinho branco
who: Quem
why: Porquê
widow: (a) viúva
widower: (o) viúvo
width: (a) largura
wife: (a) esposa
wig: (a) peruca
willow: (o) salgueiro
win: ganhar
wind: (o) vento
wind farm: (o) parque eólico
window: (a) janela
windpipe: (a) traqueia
windscreen: (o) para-brisas
windscreen wiper: (o) limpa para-brisas
windsurfing: (o) windsurf
windy: ventoso
wine: (o) vinho
wing: (a) asa
wing mirror: (o) espelho lateral
winter: (o) inverno
wire: (o) arame
witness: testemunha
wolf: (o) lobo
woman: (a) mulher
womb: (o) útero
wooden beam: (a) viga de madeira
wooden spoon: (a) colher de pau
woodwork: (a) marcenaria
wool: (a) lã
work: trabalhar
workroom: (o) escritório
world record: (o) recorde mundial
worried: preocupado
wound: (a) ferida
wrestling: (a) luta livre
wrinkle: (a) ruga
wrist: (o) pulso
write: escrever
wrong: errado

X

X-ray photograph: (o) raio X
xenon: (o) xenónio
xylophone: (o) xilofone

Y

yacht: iate
yard: (a) jarda
year: (o) ano
yeast: (a) levedura
yellow: amarelo
Yemen: Iémen
yen: (o) iene
yesterday: ontem
yoga: (o) ioga
yoghurt: (o) iogurte
yolk: (a) gema
you: tu , vós
young: jovem
your cat: (o) teu gato
your team: (a) vossa equipa
ytterbium: (o) itérbio
yttrium: (o) ítrio
yuan: (o) yuan

Z

Zambia: Zâmbia
zebra: (a) zebra
Zimbabwe: Zimbabué
zinc: (o) zinco
zip code: (o) código postal
zipper: (o) fecho
zirconium: (o) zircónio
zoo: (o) jardim zoológico

Portuguese - English

A

abacate: avocado
abaixo: below
abelha: bee
aborrecido: boring
aborto espontâneo: miscarriage
abril: April
abrir: to open
abóbora: pumpkin
acampamento: camping site
acelerador: throttle
acidente: accident
acima: above
acompanhamento: side dish
acordeão: accordion
actínio: actinium
acupuntura: acupuncture
acácia: acacia
Adeus: good bye
adição: addition
advogado: lawyer
aeroporto: airport
aeróbica: aerobics
Afeganistão: Afghanistan
afia-lápis: pencil sharpener
aftershave: aftershave
agachamento: squat
agente de viagens: travel agent
agente imobiliário: real-estate agent
agora: now
agosto: August
agrafador: stapler
agricultor: farmer
agulha: needle
aipo: celery
airbag: airbag
ajudar: to help
alarme de incêndio: fire alarm
alavanca das mudanças: gear lever
albergue: hostel
Albânia: Albania
alcachofra: artichoke
alcatrão: tar
alcaçuz: liquorice
alce: elk
aldeia: village
alecrim: rosemary
Alemanha: Germany
Alemão: German
alergia: allergy
alfabeto: alphabet
alface: lettuce
alfaiate: tailor
alfinete de peito: brooch

alfândega: customs
alga: seaweed
algemas: handcuff
algodão: cotton
algodão doce: candy floss
alho: garlic
alho-porro: leek
ali: there
aliança: wedding ring
alimentar: to feed
alisador de cabelo: hair straightener
almofada: pillow
almoço: lunch
almôndega: meatball
alongamento: stretching
alperce: apricot
alpinismo: mountaineering
altifalante: loudspeaker
alto: tall
altura: height
alumínio: aluminium
amanhã: tomorrow
amar: to love
amarelo: yellow
Amazónia: Amazon
ambulatório: outpatient
ambulância: ambulance
ameaçar: to threaten
ameixa: plum
amendoim: peanut
amerício: americium
amigo: friend
amigável: friendly
amor: love
amora: blackberry
amortecedor: shock absorber
ampere: ampere
amêndoa: almond
analgésico: painkiller
ananás: pineapple
ancinho: rake
andaime: scaffolding
andar: to walk
andebol: handball
Andes: Andes
Andorra: Andorra
anedota: joke
anel: ring
anel de cebola: onion ring
anel de noivado: engagement ring
Angola: Angola
angular: square
animação: cartoon
aniversário: birthday
anjo: angel
ano: year
Ano Novo: New Year

ano passado: last year
anoraque: anorak
antena parabólica: satellite dish
anteontem: the day before yesterday
antibiótico: antibiotics
anticongelante: antifreeze fluid
antimónio: antimony
antisséptico: antiseptic
Antígua e Barbuda: Antigua and Barbuda
anúncio: advertisement
ao lado: beside
apagar: to turn off
apanhar: to catch
aparelho dentário: dental brace
aparelho ultrassónico: ultrasound machine
apartamento: apartment
apostar: to bet
app: app
aprendiz: apprentice
apresentador: host
apresentador das notícias: anchor
apresentação: presentation
apêndice: appendix
apóstrofo: apostrophe
aquecimento: heating
aqui: here
aquilo: that
aquário: aquarium
arame: wire
aranha: spider
arbusto: bush
arco-íris: rainbow
ar condicionado: air conditioner
areia: sand
Argentina: Argentina
Argélia: Algeria
aritmética: arithmetic
arma: gun
armazém: warehouse
armário: cupboard
armário para calçado: shoe cabinet
Arménia: Armenia
aromaterapia: aromatherapy
arquiteto: architect
arranha-céu: skyscraper
arremesso de peso: shot put
arroz: rice
arroz frito: fried rice
arsénio: arsenic
arte: art
artigo: article
artista: artist
artéria: artery
Aruba: Aruba
Arábia Saudita: Saudi Arabia
asa: wing
asas de frango: chicken wings

asfalto: asphalt
asma: asthma
aspirador de pó: vacuum cleaner
aspirar: to vacuum
aspirina: aspirin
assar: to bake
assento: seat
assento para criança: child seat
assinatura: signature
assistente: assistant
assistente de bordo: stewardess
assistente de loja: shop assistant
asteroide: asteroid
atacador: lace
atacar: to attack
ataque cardíaco: heart attack
atirar: to throw
atmosfera: atmosphere
ator: actor
atração turística: tourist attraction
atrelado: trailer
atrás: back
atum: tuna
Até logo: see you later
auditório: lecture theatre
audiência: audience
aurora: aurora
auscultador: earphone
Austrália: Australia
autocarro: bus
autocarro escolar: school bus
autoestrada: motorway
automobilismo: car racing
automóvel: car
automóvel clássico: classic car
autor: author
AVC: stroke
aveia: oatmeal
avelã: hazelnut
avenida: avenue
avestruz: ostrich
avisar: to warn
avião: plane
avião de mercadorias: cargo aircraft
avó: grandmother
avô: grandfather
azedo: sour
azeite: olive oil
azeitona: olive
Azerbaijão: Azerbaijan
azul: blue
azulejo: tile
aço: steel
ação: share
açúcar: sugar
açúcar de baunilha: vanilla sugar
açúcar em pó: icing sugar

açúcar granulado: granulated sugar

B

babete: bib
bacharelato: bachelor
bactéria: bacterium
badminton: badminton
bagagem: luggage
bagagem de mão: carry-on luggage
Bahamas: The Bahamas
baixo: bass guitar
balança: scale
balcão de check-in: check-in desk
balde: bucket
baleia: whale
baloiço: swing
balsa: ferry
balão de ar quente: hot-air balloon
balé: ballet
bambu: bamboo
banana: banana
banco: bench
banco dianteiro: front seat
banco traseiro: back seat
banda desenhada: comic book
Bangladeche: Bangladesh
banheira: bathtub
bar: bar
barato: cheap
barba: beard
Barbados: Barbados
barbatana: fin
barco a remos: rowing boat
barco de borracha insuflável: rubber boat
barco de pesca: fishing boat
barco salva-vidas: lifeboat
barco à vela: sailing boat
barman: barkeeper
barra: barbell
barracão: shed
barra de deslocamento: scrollbar
barragem: dam
barriga: belly
barro: clay
barulhento: loud
Barém: Bahrain
base: foundation
basebol: baseball
base de dados: database
basquetebol: basketball
bastão: baton
bastão de esqui: ski pole
batata: potato
batata doce: sweet potato
batata frita: chips
batedeira: mixer

bater: to hit
bateria: drums
batido de fruta: smoothie
batido de leite: milkshake
batom: lipstick
batom protetor: lip balm
baunilha: vanilla
baço: spleen
beber: to drink
bebida energética: energy drink
bebé: baby
beco: alley
bege: beige
beijar: to kiss
beijo: kiss
beira: shore
beliche: bunk bed
Belize: Belize
belo: beautiful
bem-comportado: well-behaved
Bem-vindo: welcome
Benim: Benin
berbequim: drilling machine
beringela: aubergine
berquélio: berkelium
berçário: nursery
berílio: beryllium
besouro: bug
beterraba sacarina: sugar beet
betoneira: cement mixer
betão: concrete
bexiga: bladder
biatlo: biathlon
biberão: baby bottle
biblioteca: library
bibliotecário: librarian
bicicleta: bicycle
bicicleta de corrida: racing bicycle
bicicleta de exercício: exercise bike
bicicleta tandem: tandem
Bielorrússia: Belarus
bife: steak
bilhar: billiards
bilhete: ticket
bilheteira: ticket office
bilheteira automática: ticket vending machine
biologia: biology
biquíni: bikini
Birmânia: Burma
biscoito: biscuit
bismuto: bismuth
bisonte: bison
bisturi: scalpel
blazer: blazer
blues: blues
bobsleigh: bobsleigh
boca: mouth

boca-de-incêndio: hydrant
bochecha: cheek
boia salva-vidas: life buoy
bolacha: cookie
bola de basquete: basketball
bola de bowling: bowling ball
bola de futebol: football
bola de futebol americano: football
bola de golfe: golf ball
bola de ténis: tennis ball
boletim informativo: newsletter
bolo: cake
bolo de aniversário: birthday cake
bolo de casamento: wedding cake
bolsa de estudo: scholarship
bolsa de valores: stock exchange
bolso: pocket
Bolívia: Bolivia
bom: good
bomba de ar: air pump
bombeiro: firefighter
bombeiros: firefighters
Bom dia: good day
boneca: doll
boneco de pelúcia: cuddly toy
bonito: handsome
borboleta: butterfly
boro: boron
borracha: rubber
botas de alpinismo: hiking boots
botija de água quente: hot-water bottle
Botsuana: Botswana
botão: button
bowling: bowling
boxe: boxing
boxers: underpants
bracelete: bracelet
branco: white
brandy: brandy
Brasil: Brazil
braço: arm
breakdance: breakdance
bridge: bridge
brilho labial: lip gloss
brinco: earring
bromo: bromine
brownie: brownie
Brunei: Brunei
brócolos: broccoli
bufê: buffet
Bulgária: Bulgaria
bungee jumping: bungee jumping
buraco da fechadura: keyhole
buraco negro: black hole
Burquina Faso: Burkina Faso
burro: donkey
Burundi: Burundi

Butão: Bhutan
buzina: horn
bário: barium
Bélgica: Belgium
bétula: birch
bêbado: drunk
bóhrio: bohrium
Bósnia: Bosnia
búfalo: buffalo
bússola: compass

C

cabeleireiro: hairdresser
cabelo: hair
cabeça: head
cabeçalho: heading
cabina: cabin
cabina do piloto: cockpit
cabo: cable
Cabo Verde: Cape Verde
cabra: goat
cachecol: scarf
cachorro-quente: hot dog
cacto: cactus
cadeira: chair
cadeira de balanço: rocking chair
cadeira de rodas: wheelchair
caderno: notebook
cadáver: corpse
café: coffee
café gelado: iced coffee
cair: to fall
cais: pier
caixa: cashier
caixa automático: cash machine
caixa de areia: sandbox
caixa de correio: mailbox
caixa do correio: inbox
caixote do lixo: garbage bin
caixão: coffin
caju: cashew
calcanhar: heel
calcite: calcite
calcular: to calculate
calendário: calendar
califórnio: californium
calças: trousers
calças de ganga: jeans
calças de treino: sweatpants
calções: shorts
calções de banho: swim trunks
cama: bed
camaleão: chameleon
Camarões: Cameroon
Camboja: Cambodia
camelo: camel

caminhada: hiking
camionista: lorry driver
camisa: shirt
camisa de noite: nightie
camisola: jersey
camisola interior: undershirt
camião: lorry
camião-betoneira: concrete mixer
camião-grua: crane truck
camião dos bombeiros: fire truck
campa: grave
campainha: bell
camping: camping
campo de golfe: golf course
campo desportivo: sports ground
campo de ténis: tennis court
cana: reed
cana-de-açúcar: sugar cane
Canadá: Canada
canal: channel
canalizador: plumber
cancro: cancer
candeeiro: lamp
canela: cinnamon
caneleira: shinpad
caneta: pen
canguru: kangaroo
canoa: canoe
canoagem: canoeing
cansado: tired
cantar: to sing
canteiro de flores: flower bed
cantor: singer
capacete: helmet
capim-limão: lemongrass
capital: capital
capitão: captain
capuchino: cappuccino
capô: bonnet
caracol: snail
caramelo: caramel
caranguejo: crab
carater: character
caraté: karate
caravana: caravan
carbono: carbon
cardiologia: cardiology
careca: bald head
caricatura: caricature
caril: curry
carimbo: rubber stamp
carne: meat
carne de cordeiro: lamb
carne de frango: chicken
carne de peru: turkey
carne de porco: pork
carne de porco assada: roast pork

carne de vaca: beef
carne de veado: game
carne gorda: fat meat
carne magra: lean meat
carne picada: minced meat
caro: expensive
caroço: pit
carpinteiro: carpenter
carregar: to carry
carrinho de bebé: pushchair
carrinho de compras: shopping cart
carrinho de mão: wheelbarrow
carro da polícia: police car
carro dele: his car
carrossel: carousel
carta: letter
carteira: wallet
carteiro: postman
cartilagem: cartilage
cartão de crédito: credit card
cartão de visita: business card
carvalho: oak
carvão: coal
casa: house
casaco: jacket
casaco de malha: cardigan
casa das máquinas: engine room
casa de banho: toilet
casa de bonecas: dollhouse
casamento: wedding
casa na árvore: tree house
casar: to marry
casca: peel
cascata: waterfall
casino: casino
casota: kennel
caspas: dandruff
castanho: brown
castelo: castle
Catar: Qatar
catedral: cathedral
cateter: catheter
caule: stalk
cavalete: flip chart
cavalo: horse
cavalo-marinho: sea horse
cave: basement
caverna: cave
Cazaquistão: Kazakhstan
cebola: onion
cebolinho: chive
cego: blind
cegonha: stork
ceifeira-debulhadora: combine harvester
celebrar: to celebrate
cemitério: cemetery
cenoura: carrot

central hidroelétrica: hydroelectric power station
central nuclear: nuclear power plant
centro comercial: shopping mall
centígrados: centigrade
centímetro: centimeter
cerca: fence
cereais: cereal
cereja: cherry
cerimónia de graduação: graduation ceremony
certidão de nascimento: birth certificate
cerveja: beer
cerâmica: pottery
cesariana: cesarean
cesto: basket
cesto de compras: shopping basket
cesto de roupa: laundry basket
chachachá: cha-cha
Chade: Chad
chaleira: teapot
chaminé: chimney
champanhe: champagne
champô: shampoo
chapéu: hat
chapéu de basebol: baseball cap
chapéu de sol: sun hat
charuto: cigar
chave: key
chave de fendas: screwdriver
chave de parafusos: screw wrench
chave do quarto: room key
cheesecake: cheesecake
chegada: arrival
cheio: full
cheirar: to smell
cheque: cheque
chicote: whip
Chile: Chile
China: China
chinelos: slippers
chinelos de banho: bathroom slippers
chinelos de praia: flip-flops
Chipre: Cyprus
chita: cheetah
chocalho: rattle
chocolate: chocolate
chocolate de barrar: chocolate cream
chocolate quente: hot chocolate
chorar: to cry
chumbo: lead
chupeta: soother
churrasco: barbecue
chuteiras: football boots
chuva: rain
chuveiro: shower
chuvoso: rainy
chá: tea
chá com leite: milk tea

chá preto: black tea
chávena: cup
chá verde: green tea
chão: floor
ciclismo: cycling
ciclismo de montanha: mountain biking
ciclismo de pista: track cycling
Cidade do Vaticano: Vatican City
cidra: cider
cientista: scientist
cigarro: cigarette
cilindro: cylinder
cimento: cement
cinema: cinema
cinto: belt
cinto de segurança: seatbelt
cintura: waist
cinza: ash
cinzento: grey
cirurgia: surgery
cirurgião: surgeon
cisne: swan
citar: to quote
ciências naturais: science
clara: egg white
clarinete: clarinet
claro: light
Claro: of course
classe económica: economy class
classe executiva: business class
clave de sol: clef
clavícula: collarbone
cliente: customer
clipe de papel: paperclip
clitóris: clitoris
cloro: chlorine
clínica: clinic
coala: koala
cobalto: cobalt
cobertor: blanket
cobrador: conductor
cobre: copper
cocktail: cocktail
coco: coconut
coelho: rabbit
coentro: coriander
cofre: safe
cogumelo: mushroom
cola: glue
colar: necklace
colar cervical: neck brace
colar de pérolas: pearl necklace
colarinho: collar
colchão: mattress
colchão de ar: air mattress
colega: colleague
colete salva-vidas: life jacket

colher: spoon
colher de pau: wooden spoon
colocar: to put
coluna vertebral: spine
colónia: colony
Colômbia: Colombia
combinado nórdico: Nordic combined
comboio: train
comboio a vapor: steam train
comboio de alta velocidade: high-speed train
comboio de mercadorias: freight train
comentador: commentator
comer: to eat
cometa: comet
comida de rua: street food
com licença: excuse me
Como: how
Como estás?: How are you?
Comores: Comoros
Como te chamas?: What's your name?
companhia aérea: airline
companhia deles: their company
competição de skate: skateboarding
composição: essay
composto químico: chemical compound
compota: jam
comprar: to buy
comprido: long
comprimido: pill
comprimido para dormir: sleeping pill
comédia: comedy
concerto: concert
concha: ladle
concussão: concussion
cone: cone
congelador: freezer
consertar: to fix
constipação: cold
consultor: consultant
conta: bill
conta bancária: bank account
contabilidade: accounting
contabilista: accountant
contar: to count
contentor: container
conteúdo: content
continente: continent
contrabaixo: double bass
controlador de tráfego aéreo: air traffic controller
controlo remoto: remote control
conversação: chat
convidado: guest
convés: deck
copernício: copernicium
copiar: to copy
copo: cup
corajoso: brave

coração: heart
cordilheira: mountain range
Coreia do Norte: North Korea
Coreia do Sul: South Korea
coroa: krone
corredor: aisle
correio eletrónico: e-mail
corrente: chain
correr: to run
correto: correct
corretor: stockbroker
corrida: running
corrida com barreiras: hurdles
corrida de velocidade: sprint
corta-relva: lawn mower
corta-unhas: nail clipper
cortar: to cut
cortina: curtain
cortina de chuveiro: shower curtain
coruja: owl
corvo: raven
costa: coast
Costa do Marfim: Ivory Coast
Costa Rica: Costa Rica
costas: back
costela: rib
cotovelo: elbow
couve-flor: cauliflower
couve-rábano: turnip cabbage
couve de Bruxelas: Brussels sprouts
covinha: dimple
cozido: boiled
cozinha: kitchen
cozinhar: to cook
cozinheiro: cook
cratera: crater
creche: nursery
creme: cream
creme antirrugas: antiwrinkle cream
creme azedo: sour cream
creme chantilly: whipped cream
creme de leite: custard
creme facial: face cream
crepe: crêpe
crescer: to grow
criança: child
criminoso: criminal
crocodilo: crocodile
croissant: croissant
cronómetro: stopwatch
crosta terrestre: earth's crust
Croácia: Croatia
cru: raw
cruzamento: intersection
cruzeiro: cruise ship
crânio: skull
crípton: krypton

críquete: cricket
crómio: chromium
Cuba: Cuba
cubo: cube
cuecas: panties
culpado: guilty
culturismo: bodybuilding
cunhada: sister-in-law
cunhado: brother-in-law
curgete: courgette
curling: curling
curto: short
curva: curve
cuspir: to spit
cádmio: cadmium
cálcio: calcium
cápsula: capsule
cárie: caries
câmara: camera
câmara de segurança: security camera
câmara de vídeo: camcorder
câmara digital: digital camera
câmara instantânea: instant camera
câmara municipal: town hall
cãibra: cramp
cão: dog
cérebro: brain
cério: cerium
césio: caesium
círculo: circle
código de barras: bar code
código postal: zip code
cólon: colon
côr-de-rosa: pink
cúrio: curium

D

damas: draughts
dança: dancing
dança de salão: Ballroom dance
dança latina: Latin dance
dançarino: dancer
dar: to give
dardos: darts
darmstácio: darmstadtium
dar um pontapé: to kick
data de validade: expiry date
decímetro: decimeter
dedo: finger
dedo anelar: ring finger
dedo do meio: middle finger
dedo do pé: toe
dedo indicador: index finger
dedo mindinho: little finger
defender: to defend
deitar: to lie

delgado: slim
delineador: eyeliner
denominador: denominator
dente: tooth
dente-de-leão: dandelion
dentista: dentist
dentro: inside
departamento: department
departamento jurídico: legal department
depois de amanhã: the day after tomorrow
dermatologia: dermatology
descansar: to rest
Desculpa: sorry
desenho: drawing
deserto: desert
desfiladeiro: canyon
desfrutar: to enjoy
designer: designer
desmaiar: to faint
detergente em pó: washing powder
detetive: detective
detetor de fumo: smoke detector
dezembro: December
dia: day
diabetes: diabetes
Dia de Ação de Graças: Thanksgiving
diafragma: diaphragm
diagonal: diagonal
diamante: diamond
diarreia: diarrhea
dicionário: dictionary
difícil: difficult
digitalizador: scanner
digitalizar: to scan
dim sum: dim sum
Dinamarca: Denmark
dinheiro: money
dinossauro: dinosaur
diploma: diploma
direita: right
diretor: director
diretor executivo: chairman
disco: puck
disco rígido: hard drive
discoteca: night club
discutir: to argue
disparar: to shoot
disprósio: dysprosium
distrito: district
dividendo: dividend
divisão: division
divórcio: divorce
diário: diary
dióxido de carbono: carbon dioxide
DJ: DJ
Djibouti: Djibouti
doce: sweet

doente: sick
dois pontos: colon
domingo: Sunday
dominó: dominoes
Domínica: Dominica
dor de cabeça: headache
dor de dentes: toothache
dor de estômago: stomach ache
dor de garganta: sore throat
dormir: to sleep
dormitório: dorm room
dose: dosage
doutoramento: PhD
duas da tarde: two o'clock in the afternoon
dumpling: dumpling
duodeno: duodenum
duro: hard
década: decade
dólar: dollar
dónute: doughnut
dúbnio: dubnium

E

e: and
eclipse lunar: lunar eclipse
eclipse solar: solar eclipse
economia: economics
ecrã: screen
ecrã de cinema: screen
ecrã plano: flat screen
eczema: eczema
editora: publisher
educadora de infância: kindergarten teacher
educação física: physical education
efeito secundário: side effect
Egito: Egypt
einsténio: einsteinium
ela: she
ele: he
elefante: elephant
elenco: cast
eles: they
eletricidade: power
eletricista: electrician
eletrocussão: electric shock
eletrão: electron
elevador: elevator
elipse: ellipse
El Salvador: El Salvador
elástico de borracha: rubber band
elástico de cabelo: scrunchy
elétrico: tram
elíptico: cross trainer
emagrecer: to lose weight
embaixada: embassy
embraiagem: clutch

embrião: embryo
emergência: emergency
emergências: emergency room
Emirados Árabes Unidos: United Arab Emirates
empilhadora: forklift truck
emplastro: plaster
empregado: employee
empregado da limpeza: cleaner
empregado de mesa: waiter
empregador: employer
empresário: entrepreneur
empréstimo: loan
empurrar: to push
encaracolado: curly
encolher: to shrink
encomenda: parcel
encontrar: to meet
encosta: slope
endereço: url
endereço de correio eletrónico: e-mail address
endocrinologia: endocrinology
endro: dill
enfermeira: nurse
engarrafamento: traffic jam
engenheiro: engineer
engolir: to swallow
engordar: to gain weight
engraçado: funny
enorme: huge
ensolarado: sunny
enteada: stepdaughter
enteado: stepson
entrada: starter
entregar: to deliver
então: then
envelope: envelope
envenenamento: poisoning
enxada: hoe
enxaqueca: migraine
enxofre: sulphur
epilepsia: epilepsy
episiotomia: episiotomy
Equador: Ecuador
equador: equator
equação: equation
Eritreia: Eritrea
errado: wrong
erupção cutânea: rash
erva daninha: weed
ervilha: pea
escada: ladder
escalada: climbing
escalada no gelo: ice climbing
escalar: to climb
escavadora: excavator
escavar: to dig
escola: school

escola de negócios: business school
escola do segundo ciclo: junior school
escola primária: primary school
escolher: to choose
esconder: to hide
escorpião: scorpion
escorrega: slide
escorrega aquático: water slide
escova: brush
escova de dentes: toothbrush
escova de sanita: toilet brush
escrever: to write
escritório: office
escroto: scrotum
escultura: sculpting
escuro: dark
escândio: scandium
esfera: sphere
esferográfica: ball pen
esfomeado: hungry
esgrima: fencing
Eslováquia: Slovakia
Eslovénia: Slovenia
Espanha: Spain
Espanhol: Spanish
esparguete: spaghetti
espaço: space
espelho: mirror
espelho lateral: wing mirror
esperar: to wait
esperma: sperm
esperto: clever
espetada: skewer
espinafre: spinach
espinha: fishbone
esplanada: promenade
esponja: sponge
esponja para pó compacto: powder puff
esposa: wife
espreguiçadeira: deck chair
espuma de barbear: shaving foam
espátula: putty
esquadra: police station
esqueleto: skeleton
esquerda: left
esqui: ski
esqui aquático: waterskiing
esqui de estilo livre: freestyle skiing
esqui de fundo: cross-country skiing
esquilo: squirrel
estado: state
Estados Unidos da América: The United States of America
estagiário: intern
estanho: tin
estante: bookshelf
esta semana: this week
estação de bombeiros: fire station

estação de comboios: train station
estação de correios: post office
estação de tratamento de águas residuais: sewage plant
estação espacial: space station
este: east
este ano: this year
esteira: treadmill
este mês: this month
esterno: breastbone
estetoscópio: stethoscope
estojo: pencil case
estrada: road
estranho: strange
estreito: narrow
estrela: star
estrela-do-mar: starfish
estrutura química: chemical structure
estrôncio: strontium
estudar: to study
estufa: greenhouse
estádio de futebol: football stadium
Está tudo bem?: Are you ok?
Estónia: Estonia
estômago: stomach
estúpido: stupid
esófago: oesophagus
Etiópia: Ethiopia
eu: I
Eu amo-te: I love you
eucalipto: eucalyptus
Eu concordo: I agree
Eu gosto de ti: I like you
Eu não gosto disto: I don't like this
Eu não sei: I don't know
Eu preciso disto: I need this
Eu quero isto: I want this
Eu quero mais: I want more
euro: euro
európio: europium
Eu sei: I know
Eu tenho um cão: I have a dog
exame: exam
exaustor: cooker hood
executivo: manager
expresso: espresso
extintor: fire extinguisher

F

faca: knife
faca utilitária: utility knife
fagote: bassoon
Fahrenheit: Fahrenheit
faia: beech
falar: to talk
falcão: falcon
falhar: to fail

farinha: flour
farmacêutico: pharmacist
farmácia: pharmacy
faroeste: western film
farol: lighthouse
farol dianteiro: front light
fatias de batata: potato wedges
fato: suit
fato de banho: swimsuit
fato de esqui: ski suit
fato de mergulho: wetsuit
fato de treino: tracksuit
fato espacial: space suit
fax: fax
febre: fever
fechar: to close
fecho: zipper
feijão: bean
feijão cozido: baked beans
feio: ugly
feira popular: fairground
feliz: happy
feng shui: feng shui
ferida: wound
fermento em pó: baking powder
ferro: iron
ferro de engomar: electric iron
ferro para caracóis: curling iron
ferver: to boil
festa de aniversário: birthday party
feta: feta
feto: foetus
fevereiro: February
ficar de pé: to stand
ficheiro: file
ficção científica: science fiction
figo: fig
Fiji: Fiji
fila: row
filha: daughter
filho: son
filiação: membership
Filipinas: Philippines
filme de terror: horror movie
filosofia: philosophy
filtro: filter
Finlândia: Finland
fisioterapeuta: physiotherapist
fisioterapia: physiotherapy
fita-cola: adhesive tape
fita isoladora: insulating tape
fita métrica: tape measure
fita para transpiração: sweatband
fitar: to stare
fixe: cool
flamingo: flamingo
flash: flash

flauta transversal: flute
fleróvio: flerovium
flexão: push-up
flexão abdominal: sit-ups
flor: flower
florescer: blossom
floresta: forest
floresta tropical: rainforest
florista: florist
flúor: fluorine
foca: seal
fofo: cute
fogo: fire
fogueira: campfire
foguetão: rocket
fogão: cooker
folha: leaf
folheto: leaflet
fonte: fountain
fora: outside
forcado: pitchfork
formação vocacional: vocational training
formiga: ant
formula 1: Formula 1
forno: oven
forte: strong
força: force
fotografia: picture
fotografia de família: family picture
fotógrafo: photographer
fraco: weak
fralda: diaper
framboesa: raspberry
Francês: French
frango assado: roast chicken
França: France
fratura: fracture
fração: fraction
freio de mão: hand brake
freira: nun
frente: front
frequentemente: often
frigorífico: fridge
frio: cold
fritar: to fry
frutaria: fruit merchant
fruto seco: dried fruit
frâncio: francium
fumar: to smoke
funcho: fennel
funcionários: staff
funeral: funeral
funil: funnel
furacão: hurricane
furador: hole puncher
futebol: football
futebol americano: American football

futebol australiano: Australian football
fábrica: factory
fácil: easy
férmio: fermium
fígado: liver
física: physics
físico: physicist
fósforo: match

G

gabardine: raincoat
Gabão: Gabon
gadolínio: gadolinium
gafanhoto: grasshopper
gaivota: seagull
galeria de arte: art gallery
galinha: chicken
galo: cockerel
galochas: wellington boots
galáxia: galaxy
gamão: backgammon
Gana: Ghana
ganancioso: greedy
gancho de cabelo: barrette
ganhar: to earn
ganso: goose
garagem: garage
garantia: warranty
garfo: fork
garrafa: bottle
garrafa de água: water bottle
garrafa térmica: thermos jug
gasolina: petrol
gasóleo: diesel
gatinhar: to crawl
gato: cat
gaveta: drawer
geco: gecko
gelado: ice cream
gel de cabelo: hair gel
gel de duche: shower gel
gelo: ice
gema: yolk
generoso: generous
gengibre: ginger
genro: son-in-law
geografia: geography
geometria: geometry
gerador: generator
gerente: general manager
germânio: germanium
gesso: cast
Geórgia: Georgia
Gibraltar: Gibraltar
gin: gin
ginecologia: gynaecology

ginásio: gym
ginástica: gymnastics
ginástica rítmica: rhythmic gymnastics
gira-discos: record player
girafa: giraffe
girassol: sunflower
giz: chalk
glaciar: glacier
gladíolo: gladiolus
glúten: gluten
gofre: waffle
golfe: golf
golfinho: dolphin
golo: goal
goma: fruit gum
gorducho: chubby
gorjeta: tip
gorro: knit cap
gostar: to like
Gostas de mim?: Do you love me?
goulash: goulash
GPS: GPS
graduação: degree
grafite: graphite
grama: gram
Granada: Grenada
grande: big
granito: granite
gravata: tie
gravidade: gravity
grilo: cricket
gripe: flu
gritar: to shout
Groenlândia: Greenland
groselha: currant
grua: crane
Grécia: Greece
guarda-chuva: umbrella
guarda-costas: bodyguard
guarda-roupa: wardrobe
guarda-sol: parasol
Guatemala: Guatemala
guaxinim: raccoon
Guiana: Guyana
guia turístico: tour guide
Guiné: Guinea
Guiné-Bissau: Guinea-Bissau
Guiné Equatorial: Equatorial Guinea
guitarra: guitar
guitarra elétrica: electric guitar
guião: script
gálio: gallium
gás: gas
Gâmbia: The Gambia
géiser: geyser
gémeos: twins
género: gender

H

Haiti: Haiti
haltere: dumbbell
halterofilismo: weightlifting
hambúrguer: hamburger
hambúrguer de queijo: cheeseburger
hamster: hamster
harmónica: harmonica
harpa: harp
heavy metal: heavy metal
helicóptero: helicopter
hematoma: bruise
hemisfério norte: northern hemisphere
hemisfério sul: southern hemisphere
hemorroide: hemorrhoid
herança: heritage
herdeiro: heir
hexágono: hexagon
hidrogénio: hydrogen
hidroterapia: hydrotherapy
Himalaias: Himalayas
hipertensão: high blood pressure
hipnose: hypnosis
hipopótamo: hippo
história: history
hoje: today
homem: man
homeopatia: homoeopathy
Honduras: Honduras
Hong Kong: Hong Kong
hora: hour
hora de ponta: rush hour
horário: timetable
horário de visita: visiting hours
hospital: hospital
hotel: hotel
hot pot: hot pot
humidade: humidity
Hungria: Hungary
háfnio: hafnium
hássio: hassium
hélio: helium
hífen: hyphen
hólmio: holmium
hóquei em campo: field hockey
hóquei no gelo: ice hockey

I

iate: yacht
iene: yen
igreja: church
ilha: island
Ilha Formosa: Taiwan
Ilhas Caimão: Cayman Islands
Ilhas Cook: Cook Islands

Ilhas Féroe: Faroe Islands
Ilhas Malvinas: Falkland Islands
Ilhas Marshall: Marshall Islands
Ilhas Salomão: Solomon Islands
iluminação pública: street light
imediatamente: immediately
imposto: tax
impressora: printer
impressão digital: fingerprint
imprimir: to print
inalador: inhaler
incêndio: fire
Indonésia: Indonesia
infeção: infection
informação turística: tourist information
infusão: infusion
Inglês: English
injusto: unfair
insulina: insulin
intercomunicador para bebé: baby monitor
interruptor: light switch
intestino: intestine
intestino delgado: small intestine
inundação: flood
inverno: winter
investimento: investment
iodo: iodine
ioga: yoga
iogurte: yoghurt
Iraque: Iraq
Irlanda: Ireland
irmã mais nova: little sister
irmã mais velha: big sister
irmão mais novo: little brother
irmão mais velho: big brother
irmãos: siblings
Irão: Iran
Irídio: iridium
Islândia: Iceland
isqueiro: lighter
Israel: Israel
isto: this
isótopo: isotope
Itália: Italy
itérbio: ytterbium
ião: ion
Iémen: Yemen

J

jaca: jackfruit
jade: jade
Jamaica: Jamaica
janeiro: January
janela: window
jantar: dinner
jantar de negócios: business dinner

Japonês: Japanese
Japão: Japan
jarda: yard
jardim: garden
jardim botânico: botanic garden
jardim de infância: kindergarten
jardim zoológico: zoo
jardineiro: gardener
jarro: jar
jazz: jazz
jet ski: jet ski
jive: jive
joalheiro: jeweller
joaninha: ladybird
joelho: knee
jogar: to play
jogo de cartas: card game
jogo de tabuleiro: board game
Jordânia: Jordan
jornal: newspaper
jornalista: journalist
jovem: young
judo: judo
juiz: judge
julho: July
junho: June
juntos: together
juros: interest
justo: fair
já: already
Júpiter: Jupiter
júri: jury

K

kartismo: kart
kebab: kebab
Kiribati: Kiribati
Kosovo: Kosovo
Kuwait: Kuwait

L

laboratório: laboratory
lacrosse: lacrosse
ladrão: thief
lagarta: caterpillar
lagarto: lizard
lago: lake
lago pequeno: pond
lagosta: lobster
lama: llama
lambreta: motor scooter
lanche: snack
lanterna: torch
lantânio: lanthanum
lançamento do dardo: javelin throw

lançamento do disco: discus throw
lançamento do martelo: hammer throw
Laos: Laos
laranja: orange
largo: broad
largura: width
larlço: larch
lasanha: lasagne
lata: tin
Latim: Latin
latitude: latitude
laurêncio: lawrencium
lava: lava
lavagem de automóveis: car wash
lavar: to wash
lavatório: basin
laço: bow tie
lechia: lychee
lei: law
leite: milk
lcite de soja: soy milk
leite em pó: milk powder
leitelho: buttermilk
leitor de CD: CD player
leitor de código de barras: bar code scanner
leitor de DVD: DVD player
leitor de MP3: MP3 player
leitão: piglet
lembrança: souvenir
lente de contacto: contact lens
lento: slow
lenço: tissue
leopardo: leopard
ler: to read
Lesoto: Lesotho
lesão: injury
lesão cerebral: head injury
letra: letter
Letónia: Latvia
levantar: to lift
leve: light
levedura: yeast
leão: lion
leão-marinho: sea lion
libelinha: dragonfly
libra: pound
Libéria: Liberia
licor: liqueur
ligadura: bandage
ligar: to turn on
lima: file
lima de unhas: nail file
limite de velocidade: speed limit
limonada: lemonade
limpa para-brisas: windscreen wiper
limpar: to clean
limpo: clean

limusina: limousine
limão: lemon
lingerie: lingerie
linha elétrica: power line
linha reta: straight line
liso: straight
Listenstaine: Liechtenstein
literatura: literature
litro: liter
Lituânia: Lithuania
livermório: livermorium
livraria: bookshop
livro: book
livro escolar: textbook
lição: lesson
lobo: wolf
local de construção: construction site
locomotiva: locomotive
loiro: blond
loja de animais: pet shop
loja de artigos de desporto: sports shop
loja de brinquedos: toy shop
loja de mobília: furniture store
loja de usados: second-hand shop
longe: far
longitude: longitude
lontra: otter
losango: rhombus
louco: crazy
louva-a-deus: praying mantis
loção corporal: body lotion
lua: moon
lua de mel: honeymoon
lubrificante: lubricant
lucro: profit
luge: luge
lula: squid
luta livre: wrestling
lutar: to fight
lutécio: lutetium
luva: glove
luva de basebol: mitt
luva de boxe: boxing glove
Luxemburgo: Luxembourg
luz de aviso: warning light
luz de freio: brake light
luz do sol: sunshine
luz traseira: rear light
lábio: lip
lápis: pencil
lápis de cera: oil pastel
lápis de cor: coloured pencil
lápis de preenchimento: eyebrow pencil
lâmina: razor blade
lâmpada: light bulb
lã: wool
lémure: lemur

Líbano: Lebanon
Líbia: Libya
líder de claque: cheerleader
língua: tongue
líquido: fluid
lítio: lithium

M

macaco: jack
Macau: Macao
Macedónia: Macedonia
machado: axe
Madagáscar: Madagascar
madrasta: stepmother
maestro: conductor
magma: magma
magnésio: magnesium
magoar: to injure
magro: skinny
maio: May
maionese: mayonnaise
mais: more
mala: purse
mala de mão: handbag
Maldivas: Maldives
Mali: Mali
Malta: Malta
malvado: evil
Malásia: Malaysia
Maláui: Malawi
mamilo: nipple
mamã: mum
Mandarim: Mandarin
manequim: mannequin
manga: sleeve
manganês: manganese
mangueira: hose
manhã: morning
manicura: manicure
manjericão: basil
manjerona: marjoram
manteiga: butter
manteiga de amendoim: peanut butter
mapa: map
maquinista: train driver
mar: sea
maratona: marathon
marcação: appointment
marcenaria: woodwork
margaridinha: daisy
marido: husband
marisco: seafood
marketing: marketing
Mar Mediterrâneo: Mediterranean Sea
Mar Negro: Black Sea
Marrocos: Morocco

marshmallow: marshmallow
Marte: Mars
martelar: to hammer
martelo: hammer
martini: martini
Mar Vermelho: Red Sea
março: March
mas: but
massa: noodle
massagem: massage
massagista: masseur
massajar: to give a massage
mastro: mast
matar: to kill
matemática: mathematics
mau: bad
Mauritânia: Mauritania
Maurícia: Mauritius
maxilar: jawbone
maçaneta: door handle
maçã: apple
mecânico: mechanic
medalha: medal
medalha de bronze: bronze medal
medalha de ouro: gold medal
medalha de prata: silver medal
medicina Chinesa: Chinese medicine
medir: to measure
meditação: meditation
medula espinhal: spinal cord
medula óssea: bone marrow
medusa: jellyfish
meia: stocking
meia-calça: pantyhose
meia-noite: midnight
meia hora: half an hour
meio-dia: noon
meitnério: meitnerium
mel: honey
melancia: water melon
melodia: melody
melão: sugar melon
membro: member
memória de acesso aleatório (RAM): random access memory (RAM)
memória USB: USB stick
mendelévio: mendelevium
menos: less
mensagem de voz: voice message
menta: mint
menu: menu
mercado: market
mercúrio: mercury
Mercúrio: Mercury
mergulho: diving
mesa: table
mesa de cabeceira: night table
mesa de café: coffee table

mesa de snooker: snooker table
mesa de ténis de mesa: table tennis table
mesmo: really
mesquita: mosque
mestrado: master
metal: metal
metano: methane
meteorito: meteorite
metro: meter
metro cúbico: cubic meter
metro quadrado: square meter
metrópole: metropolis
meu cão: my dog
micro-ondas: microwave
Micronésia: Micronesia
microscópio: microscope
milha: mile
milho: corn
mililitro: milliliter
milénio: millennium
milímetro: millimeter
mini-autocarro: minibus
minibar: minibar
ministro: minister
minuto: minute
mirtilo: blueberry
moca: mocha
mochila: backpack
mochila da escola: schoolbag
modelo: model
moeda: coin
mola: peg
moldura: picture frame
Moldávia: Moldova
molhado: wet
molho de tomate: tomato sauce
molibdénio: molybdenum
molécula: molecule
monge: monk
Mongólia: Mongolia
monocarril: monorail
monopólio: Monopoly
montanha: mountain
montanha russa: roller coaster
montante: amount
monte: hill
Montenegro: Montenegro
Montserrat: Montserrat
monumento: monument
monção: monsoon
monóxido de carbono: carbon monoxide
morango: strawberry
morcego: bat
morder: to bite
mordida: bite
moreno: brunette
morrer: to die

morsa: walrus
morte: death
mosca: fly
mosquito: mosquito
mostarda: mustard
motocicleta: motorcycle
motociclismo: motorcycle racing
motocross: motocross
moto de neve: snowmobile
motor: motor
motorista de autocarro: bus driver
motosserra: chainsaw
mozarela: mozzarella
Moçambique: Mozambique
mudança automática: automatic
mudança manual: gear shift
mudo: mute
muesli: muesli
mufti: mufti
muito: very
muito quente: hot
muitos: many
muleta: crutch
mulher: woman
multa: fine
multiplicação: multiplication
museu: museum
máquina de barbear com lâmina: razor
máquina de barbear elétrica: shaver
máquina de café: coffee machine
máquina de costura: sewing machine
máquina de lavar louça: dishwasher
máquina de lavar roupa: washing machine
máscara de dormir: sleeping mask
máscara de mergulho: diving mask
máscara facial: face mask
máximo: most
mãe: mother
mão: hand
médico: physician
México: Mexico
mês: month
mês passado: last month
Mónaco: Monaco
músculo: muscle
música clássica: classical music
música folclórica: folk music
músico: musician

N

nachos: nachos
nada: none
nadador salvador: lifeguard
nadar: to swim
namorada: girlfriend
namorado: boyfriend

Namíbia: Namibia
narciso: daffodil
narina: nostril
nariz: nose
nascimento: birth
Natal: Christmas
natas: cream
natação: swimming
natação sincronizada: synchronized swimming
Nauru: Nauru
navegador: browser
na verdade: actually
navio: ship
navio cargueiro: container ship
nebuloso: foggy
neodímio: neodymium
Nepal: Nepal
Neptuno: Neptune
neptúnio: neptunium
nervo: nerve
neta: granddaughter
neto: grandchild
neurologia: neurology
neutrão: neutron
neve: snow
nevoeiro: fog
Nicarágua: Nicaragua
Nigéria: Nigeria
nitrogénio: nitrogen
Niue: Niue
nióbio: niobium
nobélio: nobelium
no entanto: although
nogado: nougat
noite: night
Noite das Bruxas: Halloween
noiva: bride
noivado: engagement
noivo: groom
noodles fritos: fried noodles
noodles instantâneos: instant noodles
nora: daughter-in-law
norte: north
Noruega: Norway
nossa casa: our home
nota: note
notícias: news
Nova Caledónia: New Caledonia
Nova Zelândia: New Zealand
novembro: November
novo: new
noz: nut
noz-moscada: nutmeg
nublado: cloudy
nuca: nape
nugget de frango: chicken nugget
numerador: numerator

nuvem: cloud
nylon: nylon
nádegas: bottom
náusea: nausea
não: not
não-metal: non-metal
Não entendo: I don't understand
Não interessa: doesn't matter
Não te preocupes: don't worry
néctar: nectar
négligé: negligee
néon: neon
Níger: Niger
níquel: nickel
nível de bolha: spirit level
nós: we
núcleo da Terra: earth's core
número atómico: atomic number
número de conta: account number
número de telefone: telephone number
número do quarto: room number

O

oboé: oboe
Obrigado: thank you
obturação: dental filling
oceano: ocean
Oceano Atlântico: Atlantic Ocean
Oceano Pacífico: Pacific Ocean
Oceano Índico: Indian Ocean
octógono: octagon
ocupado: busy
oeste: west
Ok: ok
olho: eye
Olá: hello
ombro: shoulder
omoplata: shoulder blade
Omã: Oman
oncologia: oncology
Onde: where
Onde é a casa de banho?: Where is the toilet?
ontem: yesterday
onça: ounce
O ouro é mais caro do que a prata: Gold is more expensive than silver
opala: opal
operador de câmara: camera operator
operário: construction worker
optometrista: optician
O quê: what
orador: lecturer
orca: killer whale
orelha: ear
orgulhoso: proud
origami: origami
orquestra: orchestra

ortopedia: orthopaedics
orégão: oregano
osso: bone
osso nasal: nasal bone
ou: or
ouriço: hedgehog
ouro: gold
outono: autumn
outra vez: again
outro: other
outubro: October
ouvir: to listen
ovelha: sheep
oviduto: oviduct
ovo: egg
ovo cozido: boiled egg
ovos mexidos: scrambled eggs
ovário: ovary
oxicoco: cranberry
oxigénio: oxygen

P

paciente: patient
pacote: package
padrasto: stepfather
padre: priest
pagar: to pay
pai: father
painel de instrumentos: dashboard
painel solar: solar panel
pais: parents
Palau: Palau
palavra-passe: password
palavras cruzadas: crosswords
palco: stage
Palestina: Palestine
palestra: lecture
paleta: palette
palete: pallet
palma: palm
palmeira: palm tree
paládio: palladium
Panamá: Panama
panda: panda
panda vermelho: red panda
panela: pan
panela de arroz: rice cooker
panfleto: flyer
panqueca: pancake
papa-formigas: ant-eater
papagaio: parrot
papaia: papaya
papas de aveia: porridge
papeira: mumps
papel higiénico: toilet paper
paprica: paprika

Papua Nova Guiné: Papua New Guinea
papá: dad
Paquistão: Pakistan
para-brisas: windscreen
para-choques: bumper
paragem de autocarro: bus stop
Paraguai: Paraguay
paraquedas: parachute
paraquedismo: parachuting
parede: wall
parmesão: parmesan
parque: park
parque aquático: water park
parque de estacionamento: car park
parque eólico: wind farm
parque infantil: playground
parque nacional: national park
parque temático: theme park
parquímetro: parking meter
parteira: midwife
partida: departure
partilhar: to share
parto: delivery
parágrafo: paragraph
passadeira: pedestrian crossing
passagem subterrânea: underpass
passaporte: passport
passar roupa: to iron
passeio: pavement
pasta: folder
pasta de dentes: toothpaste
pastilha elástica: chewing gum
patinagem artística: figure skating
patinagem de velocidade: speed skating
patinagem de velocidade em pista curta: short track
patinagem no gelo: ice skating
patinagem sobre rodas: roller skating
patins: skates
pato: duck
pato de Pequim: Beijing duck
patologia: pathology
pauzinho: chopstick
pavão: peacock
país: country
Países Baixos: Netherlands
pechincha: bargain
pediatria: paediatrics
pedicure: pedicure
pedra calcária: limestone
pega: magpie
peito: chest
peixaria: fish market
peixe: fish
peixe e fritas: fish and chips
pelicano: pelican
penhasco: cliff
pensar: to think

penso higiénico: sanitary towel
pentatlo moderno: modern pentathlon
pente: comb
península: peninsula
pepino: cucumber
pequeno: small
pequeno-almoço: breakfast
pequeno vestido preto: little black dress
pera: pear
perda: loss
perder: to lose
perfume: perfume
perfurar: to drill
perguntar: to ask
perna: leg
perneiras: leggings
persiana: blind
perto: close
peru: turkey
Peru: Peru
peruca: wig
pesado: heavy
pescador: fisherman
pescar: to fish
pescoço: neck
pesquisa: research
pestanas: eyelashes
peça: play
pia: sink
piano: piano
picante: hot
pijama: pyjamas
pilates: Pilates
piloto: pilot
pimenta: pepper
pimento: pepper
pincel: brush
pinguim: penguin
pinheiro: pine
pintado: dyed
pintar: to paint
pinto: chick
pintura: painting
pinça: tweezers
pipeta: pipette
pipoca: popcorn
piquenique: picnic
pirâmide: pyramid
piscina: swimming pool
pista: runway
pistache: pistachio
pista de gelo: ice rink
piza: pizza
placa de Petri: Petri dish
plaina: smoothing plane
planador: glider
planeta: planet

plano: flat
planta de interior: houseplant
plataforma: platform
platina: platinum
plugue: plug
Plutão: Pluto
plutónio: plutonium
plástico: plastic
pneu: tyre
pobre: poor
Pode ajudar-me?: Can you help me?
polegada: inch
polegar: thumb
Polinésia Francesa: French Polynesia
politica: politics
poliéster: polyester
polo: polo shirt
polo aquático: water polo
Polo Norte: North Pole
Polo Sul: South Pole
polvo: octopus
polícia: policeman
político: politician
Polónia: Poland
polónio: polonium
pombo: pigeon
ponte de comando: bridge
ponto de exclamação: exclamation mark
ponto de interrogação: question mark
ponto e vírgula: semicolon
ponto final: full stop
pop: pop
porco: pig
por favor: please
porque: because
porquinho-da-índia: guinea pig
Porquê: why
porta: door
porta-aviões: aircraft carrier
porta-bagagem: rear trunk
porta-chaves: key chain
porta de entrada: front door
portagem: toll
porta lateral: side door
portefólio: portfolio
porto: harbour
Porto Rico: Puerto Rico
Portugal: Portugal
portátil: laptop
portão da garagem: garage door
postal: postcard
posto de combustível: petrol station
potássio: potassium
poucos: few
poupança: savings
praia: beach
prancha de surfe: surfboard

prancheta: clipboard
praseodímio: praseodymium
prata: silver
prateleira: shelf
praticar: to practice
prato: plate
pratos: cymbals
praça: square
prefácio: preface
prego: nail
preguiçoso: lazy
preocupado: worried
presente: present
preservativo: condom
presidente: president
pressionar: to press
pressão atmosférica: air pressure
pressão de pernas: leg press
presunto: ham
preto: black
preço da ação: share price
prima: cousin
primavera: spring
primeira classe: first class
primeiro: first
primeiro-ministro: prime minister
primeiro andar: first floor
primeiro subsolo: first basement floor
primo: cousin
prisão: prison
processo: case
procurador: prosecutor
procurar: to look for
professor: professor
profundo: deep
programador: programmer
projetor: projector
promécio: promethium
prostituta: prostitute
protactínio: protactinium
protetor auricular: earplug
protetor bucal: mouthguard
protetor solar: sunscreen
protão: proton
prova: evidence
província: province
próstata: prostate
prótese dental: dental prostheses
próxima semana: next week
próximo ano: next year
próximo mês: next month
psicanálise: psychoanalysis
psicoterapia: psychotherapy
psiquiatria: psychiatry
pudim: pudding
pulmão: lung
pulso: pulse

punho: fist
punk: punk
pupila: pupil
puré de batata: mashed potatoes
puxar: to pull
puzzle: puzzle
pá: shovel
pálido: pale
Páscoa: Easter
pátio da escola: schoolyard
pâncreas: pancreas
pântano: marsh
pão: bread
pé: foot
pélvis: pelvis
pénis: penis
pétala: petal
pêssego: peach
pílula: birth control pill
pó: powder
pó compacto: face powder
póquer: poker

Q

quadrado: square
quadro: blackboard
quadro de mensagens: bulletin board
Qual: which
Quando: when
Quantos?: how many?
Quanto é ...?: How much is this?
Quanto é?: how much?
quarta-feira: Wednesday
quarto: fourth
quarto de casal: double room
quarto individual: single room
quartzo: quartz
queijo: cheese
queimadura: burn
queimadura de sol: sunburn
queimar: to burn
queixo: chin
Quem: who
quente: warm
queque: muffin
quiabo: okra
quickstep: quickstep
quilograma: kilogram
quinta: farm
quinta-feira: Thursday
quinto andar: fifth floor
Quirguistão: Kyrgyzstan
quiroprático: chiropractor
quivi: kiwi
Quénia: Kenya
química: chemistry

químico: chemist

R

rabanete: radish
rabino: rabbi
rabo de cavalo: ponytail
radar: radar
radiador: radiator
radiologia: radiology
rafting: rafting
raio: lightning
raio X: X-ray photograph
raiz: root
raiz de lótus: lotus root
ralador: grater
rali: rally racing
Ramadão: Ramadan
ramen: ramen
ramo: branch
ranúnculo: buttercup
rap: rap
rapariga: girl
rapaz: boy
raposa: fox
raquete de ténis: tennis racket
raso: shallow
rasta: dreadlocks
ratazana: rat
rato: mouse
realizador: director
reação química: chemical reaction
rebuçado: candy
rececionista: receptionist
receção: signal
reciclagem: recycle bin
recife de coral: coral reef
recorde mundial: world record
recursos humanos: human resources
recém-nascido: infant
rede: net
rede social: social media
redondo: round
refeitório: canteen
reforma: retirement
regador: water can
reggae: reggae
região: region
região de esqui: ski resort
Reino Unido: United Kingdom
Relaxa: relax
relva: grass
relógio: clock
relógio de pulso: watch
relógio despertador: alarm clock
remo: rowing
removedor de verniz: nail varnish remover

repelente de insetos: insect repellent
repolho: cabbage
repórter: reporter
República Centro-Africana: Central African Republic
República Checa: Czech Republic
República Democrática do Congo: Democratic Republic of the Congo
República do Congo: Republic of the Congo
República Dominicana: Dominican Republic
reserva: booking
resgatar: to rescue
respirador: respiratory machine
respirar: to breathe
responder: to answer
ressonância magnética: magnetic resonance imaging
restaurante: restaurant
resultado: result
reto: straight
retrato: portrait
retrete: toilet
retrovisôr: rear mirror
retângulo: rectangle
revista: magazine
rezar: to pray
riacho: stream
rico: rich
rigoroso: strict
rim: kidney
ringue de boxe: boxing ring
rinite alérgica: hay fever
rinoceronte: rhino
rio: river
rir: to laugh
robô: robot
rocha: rock
rock: rock
rock and roll: rock 'n' roll
roentgénio: roentgenium
rolar: to roll
rolinho primavera: spring roll
roliço: plump
rolo de estrada: road roller
rolo de tinta: inking roller
romance: novel
romboide: rhomboid
Roménia: Romania
rosa: rose
rotunda: roundabout
roubar: to steal
roupa interior térmica: thermal underwear
roupa suja: laundry
roupão de banho: bathrobe
router: router
roxo: purple
Ruanda: Rwanda
rubi: ruby
rubídio: rubidium
ruga: wrinkle

ruivo: ginger
rum: rum
rumba: rumba
rutherfórdio: rutherfordium
ruténio: ruthenium
ruína: ruin
rádio: radio
rádon: radon
rápido: quick
râguebi: rugby
rã: frog
régua: ruler
rénio: rhenium
rés-do-chão: ground floor
réu: defendant
rímel: mascara
ródio: rhodium
rótula: kneecap
Rússia: Russia

S

Saara: Sahara
saber: to know
sabão: soap
saca-rolhas: corkscrew
saco: bag
saco-cama: sleeping bag
saco plástico: plastic bag
safira: sapphire
saia: skirt
sal: salt
salada: salad
salada de batata: potato salad
salada de fruta: fruit salad
sala de espera: waiting room
sala de estar: living room
sala de leitura: reading room
sala de operações: operating theatre
sala de reuniões: meeting room
salame: salami
salgado: salty
salgueiro: willow
salmão: salmon
salsa: salsa
salsicha: sausage
salsicha frita: fried sausage
saltar: to jump
salto: heel
salto com vara: pole vault
salto de esqui: ski jumping
salto de penhasco: cliff diving
salto em altura: high jump
salto em comprimento: long jump
salto ornamental: diving
saltos de hipismo: show jumping
salário: salary

salão de entrada: lobby
samba: samba
Samoa: Samoa
Samoa Americana: American Samoa
samário: samarium
sandes: sandwich
sandálias: sandals
sangramento nasal: nosebleed
sangrento: bloody
Santa Lúcia: Saint Lucia
santo: holy
sapatilhas de meia ponta: ballet shoes
sapatos de couro: leather shoes
sapatos de dança: dancing shoes
sapatos de salto alto: high heels
saqué: sake
sarampo: measles
sardas: freckles
sardinha: sardine
satisfeito: full
Saturno: Saturn
satélite: satellite
saudade: lovesickness
saudável: healthy
sauna: sauna
saxofone: saxophone
saída de emergência: emergency exit
Saúde: cheers
se: if
seabórgio: seaborgium
sebe: hedge
secador de cabelo: hairdryer
secar: to dry
seco: dry
secretária: secretary
secundário: high school
seda: silk
sedento: thirsty
Segue em frente: go straight
seguir: to follow
segunda-feira: Monday
segundo: second
segundo subsolo: second basement floor
segurança: security guard
seguro: insurance
Seicheles: Seychelles
seio: bosom
sela: saddle
selo: stamp
selénio: selenium
semana: week
semana passada: last week
semente: seed
semestre: term
semimetal: metalloid
sempre: always
Sem problema: no worries

semáforo: traffic light
Senegal: Senegal
senhorio: landlord
sensual: sexy
sentar: to sit
seringa: syringe
serpente: snake
serra: saw
Serra Leoa: Sierra Leone
serrar: to saw
serrote: handsaw
servidor: server
serviço de quarto: room service
setembro: September
sexo: sex
sexta-feira: Friday
silencioso: silent
silfcio: silicon
sinagoga: synagogue
sinfonia: symphony
Singapura: Singapore
sirene: siren
skeleton: skeleton
smartphone: smartphone
SMS: text message
snooker: snooker
snowboard: snowboarding
sobrancelha: eyebrow
sobremesa: dessert
sobretudo: coat
sobrinha: niece
sobrinho: nephew
sofá: sofa
sogra: mother-in-law
sogro: father-in-law
sogros: parents-in-law
soja: soy
sol: sun
sola: sole
soldado: soldier
solo: soil
sombra de olho: eye shadow
Somália: Somalia
sonhar: to dream
sopa: soup
sorrir: to smile
soutien de desporto: jogging bra
Sri Lanka: Sri Lanka
stress: stress
suave: soft
Suazilândia: Swaziland
subitamente: suddenly
submarino: submarine
subtração: subtraction
subúrbio: suburb
suculento: juicy
sudoku: Sudoku

Sudão: Sudan
Sudão do Sul: South Sudan
sujo: dirty
sul: south
sumo de laranja: orange juice
sumo de maçã: apple juice
supermercado: supermarket
supino: bench press
surdo: deaf
surf: surfing
suricato: meerkat
Suriname: Suriname
surpreendido: surprised
sushi: sushi
suspeito: suspect
suspense: thriller
sussurrar: to whisper
sutiã: bra
sutura: suture
Suécia: Sweden
suéter: sweater
Suíça: Switzerland
sábado: Saturday
São Cristóvão e Neves: Saint Kitts and Nevis
São Marino: San Marino
São Tomé e Príncipe: São Tomé and Príncipe
São Vicente e Granadinas: Saint Vincent and the Grenadines
século: century
série de televisão: TV series
Sérvia: Serbia
Síria: Syria
sítio eletrónico: website
só: lonely
sóbrio: sober
sódio: sodium
sólido: solid
sótão: attic

T

t-shirt: T-shirt
tabaco: tobacco
tabela periódica: periodic table
tacho: pot
taco de basebol: bat
taco de bilhar: cue
taco de golfe: golf club
taco de hóquei: hockey stick
taekwondo: taekwondo
Tailândia: Thailand
Tajiquistão: Tajikistan
talhante: butcher
talheres: cutlery
tamanho: dress size
tamborete: stool
tamborim: tambourine
tampa de esgoto: manhole cover

tampão: tampon
tanga: thong
tangente: tangent
tango: tango
tanque: tank
Tanzânia: Tanzania
tapete: carpet
tapir: tapir
tarde: afternoon
tardinha: evening
tarifa: fare
tarola: snare drum
tartaruga: tortoise
tarte: pie
tarte de maçã: apple pie
tarântula: tarantula
tatuagem: tattoo
taxista: taxi driver
taça: cup
Tchau: bye bye
teatro: theatre
tecido: fabric
teclado: keyboard
tecnologias de informação: IT
tecnécio: technetium
telefonar: to call
telefone: telephone
teleférico: cable car
telemóvel: mobile phone
telescópio: telescope
televisão: TV
telha: roof tile
telhado: roof
telúrio: tellurium
Tem cuidado: take care
temperatura: temperature
tempestade: storm
templo: temple
tenaz: pincers
tenda: tent
tendão: tendon
tendão de Aquiles: Achilles tendon
Tenho saudades tuas: I miss you
teoria da relatividade: theory of relativity
tequila: tequila
terapia comportamental: behaviour therapy
terapia de grupo: group therapy
terapia familiar: family therapy
terceiro: third
termómetro: fever thermometer
Terra: earth
terramoto: earthquake
terraço: terrace
território: territory
terça-feira: Tuesday
tese: thesis
tesoura: scissors

tesoura de podar: loppers
tesoura para unhas: nail scissors
testa: forehead
testamento: testament
teste de gravidez: pregnancy test
testemunha: witness
teste sanguíneo: blood test
testículo: testicle
teto: ceiling
Tetris: Tetris
teu gato: your cat
texto: text
tia: aunt
tigela: bowl
tigre: tiger
tijolo: brick
timbale: kettledrum
Timor-Leste: East Timor
tinta: paint
tinta à óleo: oil paint
tio: uncle
tirar: to take
tiro: shooting
tiro com arco: archery
titânio: titanium
toalha: towel
toalha de banho: bath towel
toalha de mesa: tablecloth
tocar: to touch
toda a gente: everybody
todas: every
tofu: tofu
Togo: Togo
tomada: power outlet
tomar banho: to take a shower
tomate: tomato
tomilho: thyme
tomógrafo: CT scanner
tonelada: ton
Tonga: Tonga
tonto: silly
toranja: grapefruit
tornado: tornado
torneira: tap
tornozelo: ankle
torradeira: toaster
torre de controlo: control tower
tortuoso: twisting
tosse: cough
touca de banho: shower cap
touca de natação: swim cap
toucinho: bacon
touro: bull
trabalhar: to work
trabalho: job
trabalho de casa: homework
trampolim: trampoline

trancar: to lock
tranquilo: quiet
transferência bancária: bank transfer
trapézio: trapezoid
traqueia: windpipe
trator: tractor
travão: brake
traça: moth
treinador: coach
treino em circuito: circuit training
tremer: to shiver
trenó: sledge
trevo: clover
triatlo: triathlon
tribunal: court
trigo: wheat
trigémeos: triplets
Trindade e Tobago: Trinidad and Tobago
triplo salto: triple jump
tripé: tripod
triste: sad
triângulo: triangle
trombone: trombone
trompa: French horn
trompete: trumpet
tronco: trunk
trovoada: thunderstorm
trovão: thunder
trufa: truffle
três quartos de hora: three quarters of an hour
trópicos: tropics
tsunami: tidal wave
tu: you
tuba: tuba
tubarão: shark
tubo de escape: exhaust pipe
tudo: all
tufão: typhoon
tulipa: tulip
tungsténio: tungsten
Tunísia: Tunisia
turbina: engine
Turquemenistão: Turkmenistan
Turquia: Turkey
Tuvalu: Tuvalu
tábua de cortar: chopping board
tábua de engomar: ironing table
tálio: thallium
táxi: taxi
tâmara: date
tântalo: tantalum
ténis: trainers
ténis de mesa: table tennis
térbio: terbium
térmite: termite
têmpora: temple
tímido: shy

tónico facial: facial toner
tório: thorium
túlio: thulium

U

Ucrânia: Ukraine
Uganda: Uganda
ukulele: ukulele
uma da manhã: one o'clock in the morning
umbigo: belly button
um quarto de hora: quarter of an hour
underscore: underscore
unha: fingernail
unidade de cuidados intensivos: intensive care unit
unidade de processamento central (CPU): central processing unit (CPU)
uniforme: uniform
uniforme escolar: school uniform
universidade: university
Urano: Uranus
urna: urn
urologia: urology
urso: bear
urso polar: polar bear
Uruguai: Uruguay
urânio: uranium
Usbequistão: Uzbekistan
uva: grape
uva passa: raisin
uísque: whiskey

V

vaca: cow
vagina: vagina
vaivém espacial: space shuttle
vale: valley
valsa: waltz
valsa de Viena: Viennese waltz
Vamos para casa: Let's go home
Vanuatu: Vanuatu
vanádio: vanadium
vaporizador: spray
vaporizador nasal: nasal spray
varanda: balcony
varicela: chickenpox
vaso: vase
vassoura: broom
vazio: empty
veado: deer
veia: vein
vela: candle
velho: old
velocímetro: speedometer
Vem comigo: Come with me
vendas: sales
vender: to sell

Venezuela: Venezuela
vento: wind
ventoinha: fan
ventoso: windy
ver: to watch
verde: green
vermelho: red
verniz: varnish
verniz de unhas: nail polish
verão: summer
vespa: wasp
vestido: dress
vestido de casamento: wedding dress
vestido dela: her dress
vestido de noite: evening dress
vestido de noiva: wedding dress
vestiário: changing room
vesícula biliar: gall bladder
veterinário: vet
vetor: vector
via de sentido único: one-way street
viaduto: overpass
via ferroviária: railtrack
viagem de negócios: business trip
viajar: to travel
Via Láctea: Milky Way
Vietname: Vietnam
viga de aço: steel beam
viga de madeira: wooden beam
vinagre: vinegar
vinho: wine
vinho branco: white wine
vinho espumante: sparkling wine
vinho tinto: red wine
viola: viola
violino: violin
violoncelo: cello
vir: to come
Vira à direita: turn right
Vira à esquerda: turn left
visitante: visitor
visto: visa
vitamina: vitamin
vitela: veal
viver: to live
vizinho: neighbour
viúva: widow
viúvo: widower
voar: to fly
vodca: vodka
volante: shuttlecock
voleibol: volleyball
voleibol de praia: beach volleyball
volt: volt
volume: volume
vomitar: to vomit
vossa equipa: your team

votar: to vote
vulcão: volcano
Vénus: Venus
vértebra: vertebra
vírgula: comma
vírus: virus
vós: you

W

walkie-talkie: walkie-talkie
watt: watt
webcam: webcam
windsurf: windsurfing

X

xadrez: chess
xarope de ácer: maple syrup
xarope para a tosse: cough syrup
xenónio: xenon
xilofone: xylophone

Y

yuan: yuan

Z

zangado: angry
zangão: bumblebee
zebra: zebra
Zimbabué: Zimbabwe
zinco: zinc
zircónio: zirconium
zona comercial: central business district (CBD)
zona industrial: industrial district
Zâmbia: Zambia

ÄÜÖ

África do Sul: South Africa
Árabe: Arabic
Áustria: Austria
Índia: India
ácer: maple
água: water
água da torneira: tap water
água gasosa: soda
águia: eagle
álbum de fotografias: photo album
árbitro: referee
área: area
área de pedestres: pedestrian area
árgon: argon
árvore: tree

ástato: astatine
átomo: atom
âncora: anchor
ângulo: angle
ângulo reto: right angle
ânus: anus
érbio: erbium
ícone: icon
íman: magnet
índice: table of contents
índio: indium
íngreme: steep
íris: iris
ítrio: yttrium
óculos: glasses
óculos de natação: swim goggles
óculos de segurança: safety glasses
óculos escuros: sunglasses
óleo: oil
óleo de amendoim: peanut oil
óleo de colza: rapeseed oil
óleo de girassol: sunflower oil
óleo de milho: corn oil
ópera: opera
órfão: orphan
órgão: organ
ósmio: osmium
óvulo: ovum
útero: womb